# CONSIDÉRATIONS

## SUR L'ÉTAT POLITIQUE ET COMMERCIAL

### DES

# PUISSANCES EUROPÉENNES.

# CONSIDÉRATIONS

## SUR L'ÉTAT POLITIQUE ET COMMERCIAL

### DES

## PUISSANCES EUROPÉENNES,

### DEPUIS LA RÉVOLUTION

## JUSQU'AU CONGRÈS D'AIX-LA-CHAPELLE.

## PAR M. DORION.

## PARIS,

J. G. DENTU, IMPRIMEUR-LIBRAIRE,

rue des Petits-Augustins, nº 5 ( ancien hôtel de Persan).

### 1818.

Ainsi la pairie, le système d'élection et de représentation, l'administration locale, la puissance judiciaire, l'existence du clergé, tout est et doit rester différent chez nous et chez nos voisins. A moins de reprendre nos institutions depuis Clovis, et de les approprier aux changemens successifs, peut-on faire en France quelque chose qui ressemble à cette Constitution anglaise, que les siècles ont mûrie lentement, et qui se trouve naturellement en rapport avec les traditions, les coutumes et les mœurs de la nation ?

Il en faut conclure qu'il y a confusion d'idées sur cette question politique comme sur beaucoup d'autres; que nos infidèles mandataires, investis des plus nobles fonctions auxquelles l'homme puisse aspirer, ont mis constamment leurs passions et leurs intérêts particuliers à la place du bien public; dociles à toutes les formes de gouvernement, pourvu que l'autorité fût livrée à des hommes de leur parti, le véritable esprit de leur secte, c'est l'esprit de domination. Cette assemblée qui croyait fonder en France une monarchie mixte, préparait la création d'une république; cette assemblée qui crut rassurer les souverains étrangers en déclarant qu'elle renonçait à l'agrandissement du royaume, fit lever ces milices qui ne pouvaient servir qu'à seconder l'esprit de conquête.

L'assemblée constituante avait d'abord pris pour modèle la Constitution anglaise. Un parti dominant dans l'assemblée législative (1), adopta celle des États-Unis, et projetait l'établissement du gouvernement fédératif.

(1) Les girondins, nommés *fédéralistes* dans la convention. Cet ouvrage ayant pour objet la politique extérieure, les questions étrangères à ce sujet y sont seulement présentées comme accessoires.

# CHAPITRE III.

Guerres de la révolution. — Principes d'assimilation. — Vices de ce système. — Renversement du système français.

DEPUIS le moyen âge jusqu'aux époques les plus récentes, l'histoire de l'Europe ne retrace que les expéditions des Français en Allemagne et en Italie. Si dans l'intervalle qui sépare Charlemagne de Louis XIV, nos armées se reportent sans cesse vers ces contrées, c'est que l'état militaire et politique des peuples dérive naturellement de leur situation géographique. Ainsi l'attaque ou la défense se dirige sur les lieux où se trouvent les ennemis habituels ; ainsi les coalitions formées contre les principes de la révolution, afin de les étouffer ou de les circonscrire, créèrent dans son sein des armées gigantesques : car les troubles intérieurs et les guerres civiles enfantent des soldats dont la fougue finit par s'exhaler contre les ennemis extérieurs. La France en avait donné l'exemple après les divisions de la ligue ; la France le prouva de nouveau dans la révolution.

Les luttes entreprises dans un esprit de justice inspirent de la confiance aux nationaux et concilient des alliances utiles. Démosthènes voulait qu'on ne prît les armes qu'après avoir cherché dans la justice tous les moyens de répression. Les stoïciens définissaient le courage, la vertu combattant pour l'équité. Mais ces belles maximes n'étaient plus en crédit dans nos assemblées.

Un peuple qui renverse toutes ses institutions fondamentales, et depuis le Monarque jusqu'au dernier citoyen, ne reconnaît plus ni droits ni priviléges qui puissent rattacher le présent au passé, se crée une existence entièrement nouvelle, et se trouve tout à coup isolé dans l'Europe : l'état de guerre résulte d'un pareil ordre de choses. Le Gouvernement de 1792, voyant se former contre lui une coalition générale, fit à l'Autriche l'injonction d'accomplir la stipulation du traité de Versailles, qui l'obligeait de fournir à la France vingt-quatre mille hommes. Les circonstances devenues si différentes ne laissaient plus subsister les anciens engagemens. Cette première rupture entraîna celle

avec l'Allemagne, qui fut suivie de celle avec
l'Angleterre. Quelque temps après, la France,
constituée en république, vit encore l'Espa-
pagne et la Sardaigne liguées contr'elle.
Depuis ce temps, les guerres entreprises
eurent pour objet politique de changer les
Gouvernemens et les habitudes des peuples,
afin d'acquérir des auxiliaires, ou de les assi-
miler à la France nouvelle. Cette propagande
révolutionnaire devint une arme terrible. Après
la retraite des Prussiens, avancés en Cham-
pagne, les premières irruptions des armées
françaises rejetèrent l'ennemi jusqu'au de-là de
Maëstricht. Elles occupèrent en même temps
la Savoie. Les classes inférieures, séduites par
les mots d'*égalité* et de *liberté*, reçurent les
républicains comme des libérateurs. La coalition regagna bientôt ce qu'avaient fait perdre les victoires de Mons et de Jemmapes.
Le camp de Maubeuge, et l'occupation de
quelques places fortes, continrent quelque
temps les armées de la convention. Mais la
victoire de Fleurus, et la belle campagne de
Pichegru en Hollande, placèrent la république
dans une attitude imposante vis-à-vis des
étrangers.

La confédération helvétique, celle des Etats-

Unis, la Suède, n'avaient point interrompu leurs rapports avec la convention. Le 9 thermidor ouvrit, sous une autorité moins violente, des voies de négociation. Le traité de Bâle, fait avec la Prusse (5 avril et 17 mai 1795), stipulait la neutralité de l'Empire germanique. Le traité avec l'Espagne (22 juillet 1795) portait la cession de la partie espagnole de Saint-Domingue et de la Louisiane, premières adhésions données par deux royaumes encore indépendans. Les Provinces-Unies (16 mai 1795), Venise et la Toscane, ensuite le roi de Sardaigne (15 mai 1796), négocièrent successivement avec la France. Le traité de Tolentino (26 février 1797) recula les bornes de l'État transalpin sur les provinces du Pape (1). Enfin les préliminaires de Léoben (12 avril 1797) consacrèrent la réunion des provinces belgiques, dont les États vénitiens devinrent la compensation. On se voit donc forcé de convenir que toutes les innovations civiles et politiques opérées dans l'espace de quatre ans, reçurent l'assentiment contraint ou

(1) La Savoie fut cédée par le traité de Turin. Les Trois-Légations romaines, et le comtat d'Avignon, furent cédés par les traités d'Urbin et de Tolentino.

volontaire de presque toutes les puissances.

Ce vaste plan, essayé dès la naissance de
la république sur la Savoie et sur la Belgique, s'étendit bientôt aux provinces cisrhéna-
nes. Le Piémont, Gênes et le Milanais reçurent aussi le gouvernement populaire. Une
république reparut dans Rome. Naples eut
aussi la sienne. Les Provinces-Unies, la confédération helvétique subirent la même assimilation. En rappelant ces évènemens, on
croirait raconter l'histoire des siècles reculés:
cependant tout cela se passait il n'y a guère
que vingt ans. Mais la durée éphémère de ce
système républicain s'efface déjà même aux
yeux des contemporains, malgré la consistance politique qu'il semblait acquérir par
les traités.

Les germes d'une subversion générale, en-
fantés dans le comité de salut public, allaient
être étouffés par la seconde coalition, lorsque
le 18 brumaire replaça la France dans une situation offensive vis-à-vis de la vieille Europe.
Le premier consul, devenu l'héritier de tout
le patrimoine révolutionnaire, développa de
nouveau, par de rapides victoires, les principes d'assimilation. Mais substituant par gradation son autorité personnelle à celle des

divers gouvernemens républicains, il modifia
d'après ses intérêts l'esprit de conquête.

Ses conquêtes tendirent à l'agrandissement,
à rendre les États tributaires, enfin au changement de dynastie. La première partie de ce
plan se manifesta par la réunion à l'Empire de
plusieurs provinces envahies. Les nouvelles
Constitutions substituées aux anciens droits et
priviléges, dans la confédération du Rhin et
dans le duché de Varsovie, rentrent dans la
seconde. Le changement de dynastie opéré à
Naples, en Espagne, par la force ouverte; en
Suède, par l'influence politique, appartient à la
troisième classification. Enfin, cet Empire
s'étendit sur une grande partie de la péninsule,
sur l'Italie toute entière et la Dalmatie; et les
provinces soumises ou subordonnées dans le
Nord, reculèrent jusqu'au Niémen les bornes
de la puissance française.

Depuis le quinzième siècle, l'Europe soumet à son influence une partie du globe; et la
France ne s'agite point que tous les peuples et
les États ne soient ébranlés. Aussi les effets
politiques ou militaires de la révolution ont
soulevé les plus riches contrées du nouveau
monde, ont accéléré les conquêtes dans l'Inde
et dans les mers d'Afrique. L'Empire ottoman,

remué jusque dans ses fondemens ; a vu les
soldats de l'Angleterre et de la France se dis-
puter la Syrie et l'Égypte ; et les milices de l'In-
dostan combattre sur les rives du Nil ; livré
à l'anarchie despotique des pachas, et chan-
geant deux fois de souverains détrônés par
la violence ; cet Empire n'a dû peut-être
le salut de Constantinople, qu'à la nécessité où l'expédition de Moscou a mis l'empereur Alexandre de rappeler son armée au secours de ses provinces. Enfin, le souverain de
la Perse a lui-même reconnu la gloire des armes qui venaient d'obtenir la paix de Tilsitt.

Des changemens si merveilleux, des catas-
trophes si terribles, des résultats aussi extraor-
dinaires qu'imprévus, méritent bien l'attention des publicistes. A ces questions impor-
tantes se rattachent tous les grands intérêts de
l'ordre social. Les examiner dans leurs principes, dans leurs diversités, dans leurs effets,
c'est tenter une œuvre difficile, mais qui du
moins présente un but d'utilité.

L'assimilation fut, de tous temps, employée
comme moyen conservateur des conquêtes.
Alexandre assimila l'Égypte et l'Asie au système grec. Les Romains fondèrent sur le
même principe leur vaste domination ; il

étendit et maintint l'Empire des Carlovingiens. Si des dominations générales, nous en venons à des conquêtes plus resserrées, nous verrons que l'assimilation appliquée au régime administratif et militaire, achève ce que la force des armées a commencé. Il n'est donc pas étonnant que la république française et le gouvernement impérial aient voulu procéder d'après ce principe.

Mais il entraînait des inconvéniens; il devait engendrer des résistances avouées ou secrètes, qui suffisaient pour rendre son accomplissement impossible. Il fallait entretenir des forces considérables, maintenues avec de grandes dépenses, et qui ne laissaient d'autres bornes à l'esprit de conquête qu'un épuisement total; il fallait renoncer à tous les genres de commerce, créer au milieu de l'Europe civilisée, un système militaire permanent; se procurer l'argent et les hommes par des exactions et des violences en opposition avec le système administratif des Européens. Ajoutons encore la nécessité de recruter un grand nombre d'auxiliaires qui s'instruisaient dans nos rangs à nous combattre, et devaient chaque jour affaiblir ou partager l'influence des armées françaises; enfin, comprimer les mœurs et les ha-

bitudes des nationaux et des peuples conquis,
lesquels ne trouvant que des pertes ou des malheurs dans leur nouvelle situation, regrettaient
naturellement le passé; telles étaient les difficultés que rencontrait et que faisait naître le Gouvernement impérial dans sa politique extérieure.

La Pologne, usée par de longues guerres,
ressentit enfin la réaction de la puissance russe,
qu'elle avait long-temps asservie. A la découverte du nouveau monde, elle se trouva sans
marine et sans produits territoriaux capables
de compenser l'importation des denrées coloniales. D'ailleurs, un royaume sans frontières,
ouvert de tous côtés à trois puissances, dans
une progression d'agrandissement, tandis que
la Pologne suivait une marche rétrograde,
explique facilement les causes politiques de sa
chute. Ces causes s'opposaient à son rétablissement. L'erreur qui la fit entreprendre, usa
de grands moyens pour obtenir un résultat
incertain; car la constitution intérieure du
royaume, l'aristocratie sans richesse, le servage sans la possibilité de l'affranchissement,
auraient présenté des obstacles insurmontables, quand même les états co-partageans n'auraient pas rendu impossible la régénération de
la Pologne.

Une autre cause de destruction, fut la guerre de Portugal et le renversement de la monarchie espagnole. La guerre de la Péninsule, en ne la considérant que sous le rapport politique, privait la France des seuls avantages que lui laissait une guerre maritime aussi longue que désastreuse ; le directoire avait agi bien plus sagement, lorsque, se substituant aux droits du pacte de famille, il fit avec l'Espagne une alliance offensive et défensive. Elle ouvrait des débouchés à notre commerce intérieur, nous procurait à bon marché les denrées du nouveau monde, et faisait entrer ses trésors dans la circulation des provinces méridionales.

Mais la cause de destruction la plus réelle et la moins vite aperçue, il faut la chercher dans le blocus continental. Le danger, ou plutôt l'impossibilité de tenter une descente en Angleterre, fit lever le camp de Boulogne, et laissa sans emploi ces préparatifs qui venaient de faire armer les nombreuses milices de l'Empire britannique. Ce zèle et cet enthousiasme enseignèrent bientôt au Gouvernement anglais que le moment de créer une armée continentale semblait arrivé. Buonaparte, victorieux de la Prusse, de l'Au-

triche , et même des Russes , comme auxiliaires , résolut d'exclure les Anglais du commerce
européen. Il leur ferma tous les ports; et
loin de se borner à la confiscation de leurs
marchandises, ordonna qu'elles fussent brûlées.
Ainsi , une innombrable armée de douaniers ,
toujours insuffisante sur un si grand espace ,
augmenta la quantité d'hommes occupés par
le service militaire , au détriment de l'agriculture et du commerce. Ce système contrariait
les habitudes et les intérêts des Etats privés de
marine et de colonies , entravait les débouchés
nécessaires de la Russie et de la Suède , for-
çait le Gouvernement qui l'imposait d'y déro-
ger lui-même; enfin, ce prétendu blocus n'ob-
tint pas de l'Angleterre la plus légère conces-
sion; et l'on peut démontrer que l'accroissement de sa puissance résulte de ce faux système.

L'Angleterre et la Russie , invincibles autant par leur position géographique que par
leur sage politique , encourageaient la résistance, en promettant des hommes et de l'argent. Un grand avantage des coalisés, c'est de
recevoir d'immenses subsides d'une puissance
alliée , tandis que la France dépense toujours
ses propres capitaux; et l'on sait d'ailleurs

qu'aucune nation ne fait la guerre avec autant de prodigalité.

Des esprits superficiels ont cru tout voir dans les désastres de la Moscovie ; mais cette guerre fut entreprise parce que la Russie ne voulait plus faire de concessions , parce que ses intérêts politiques et commerciaux devaient alors la rapprocher de l'Angleterre, dont l'alliance ne pouvait que lui devenir profitable, et l'éloigner de la France, qui ne tendait qu'à resserrer la puissance russe. Une confiance secrète se communiqua bientôt à l'Autriche ; lasse de temporiser ; à la Prusse, si cruellement abaissée ; au roi de Suède ; déjà lié à l'Angleterre par les intérêts de son commerce ; et même à des confédérés qui ; redevables de leurs titres nouveaux et de l'agrandissement de leurs souverainetés , à l'autorité impériale , semblaient intéressés à la défendre.

Ici se termine le système d'agression et la tendance d'assimilation sur lesquels se fondèrent toutes les guerres de la révolution. Repoussé jusque dans l'ancienne France, le Gouvernement impérial n'eût pas même le temps d'établir un système défensif, et céda bientôt à l'invasion de ces nations, dont la plus grande partie combattait naguère dans ses rangs.

Cette défection ne fût point arrivée, si la confédération du Rhin, maintenue dans le système
qui l'avait fondée, eût été composée d'Etats
indépendans, au lieu de tributaires.

Ainsi s'écroula, dans quelques mois, cet
édifice colossal élevé sur les ruines de l'Europe pendant vingt ans. L'observateur doit
moins s'étonner de sa chute que de sa durée.
Même en ne cherchant point dans le ciel les
causes invisibles qui produisent les évènemens
de la terre, et ne permettent pas long-temps
une prospérité fondée sur l'injustice, l'histoire
enseignerait assez les causes politiques de ce
déclin accéléré. Un grand vice du système révolutionnaire, par rapport aux étrangers, c'est de
n'avoir point eu de tendance uniforme : les
classes inférieures qu'avait soulevées et ral-
liées le nom de république, n'avaient plus le
même intérêt à favoriser le Gouvernement impérial. La convention et le directoire promi-
rent tout aux peuples; et les mêmes hommes,
sous une autre livrée, donnèrent tout aux rois
de leur création.

On sait que les Romains rendaient d'a-
bord tributaire une nation vaincue; ensuite,
régie par ses administrations municipales, elle
conservait encore ses coutumes et ses privi-

léges, Ainsi les habitudes et les préjugés des contemporains s'usaient par degré. Une génération nouvelle s'accoutumait à l'innovation, et l'assimilation à l'Empire devenait une troisième gradation. Elle améliorait l'état du citoyen, en le plaçant sous l'égide des lois qui régissaient le peuple romain, dont la politique constante fut de se réserver l'art militaire, et d'en priver ses voisins. Cette gradation ne fut point observée par les Gouvernemens de la révolution.

Les hommes et les cabinets n'ont de force qu'en s'appuyant sur des principes vrais et sur des intérêts réels. L'une et l'autre condition manquèrent essentiellement aux gouvernemens de la révolution. Il y eut toujours dans les hommes quelque chose d'incomplet, même pour leurs propres desseins. L'absence des principes sur lesquels se fondent la morale et la religion, donne pendant quelque temps aux individus, et même aux sociétés, une impulsion aveugle, une vigueur brutale, qui les trompent sur leurs propres moyens. Mais ces passions effrénées et ce défaut de règles épuisent rapidement des forces qu'un plus sage emploi, que le respect des lois humaines et divines retiennent seuls dans de justes bornes. Il n'est pas donné aux principes vicieux de créer des moyens de conservation. Tout est ruine et destruction dans l'iniquité, qui se consume d'elle-même. Ce qui manqua sur-tout, ce fut, dans la politique extérieure, un point fixe, un but déterminé. C'est ainsi que l'Angleterre s'élève au faîte de la prospérité; que le cabinet russe suit, depuis Pierre I<sup>er</sup>, une marche invariable. Ainsi, depuis trois siècles, l'Autriche triomphe même de ses vainqueurs.

En procédant toujours par des moyens extrêmes, on fortifie et l'on crée même la résistance de ses ennemis; par des déclarations et des forfanteries, on met souvent les opinions à la place des intérêts. Ce fut encore un inconvénient du Gouvernement impérial, qui se plaça dans l'impossibilité de négocier avec l'Angleterre, d'échanger les prisonniers, etc., et voulut toujours traiter les vainqueurs comme des vaincus. Les erreurs personnelles de Buonaparte sont inséparables des erreurs de sa politique.

~~~~~~~~~~~~~~~~~~~~~~~~~~~~~~~~~~~~~~~~

# CHAPITRE IV.

Traité de Paris. — Effets du 20 mars.

———

« Les peuples ou les souverains qui tendent
à la domination universelle, ne peuvent céder
une seule province sans que leur système ne
menace ruine et ne finisse par s'écrouler en
entier. Après avoir élevé de si vastes prétentions, tout ce qu'on abandonne semble une
perte irréparable. Le vulgaire ne considère
dans le sacrifice, que les avantages d'une sécurité présente ; mais l'ambitieux voit d'un
coup d'œil, dans l'avenir, le déclin de son influence et le démenti de ses projets. Buonaparte dédaigna les conditions de Dresde et de
Châtillon, convaincu qu'un usurpateur qui
rétrograde volontairement, a déjà tout perdu.
La coalition formée contre lui, accroissant ses
forces à mesure qu'elle regagnait des provinces, ne se contenta plus d'une alliance uni-

quement militaire ; on sentit la nécessité d'op-
poser un système européen au système français, système inhérent aux personnes plus
qu'aux choses, et qui n'avait point ébloui
le cabinet de Saint-James. Il reconnut le premier que le repos de l'Europe ne pouvait
naître que du rétablissement de la monarchie
légitime en France, et fit adopter aux alliés
cette généreuse résolution, avant même que
la chance des armes en eût assuré l'exécution ; mais on connaissait assez l'opinion de la
saine majorité des Français, pour être convaincu que la restauration comblerait tous les
vœux.

Les défaites succédèrent si rapidement aux
conquêtes, qu'afin d'arrêter sur le champ les
hostilités, il fallut, pour ainsi dire, improviser
un nouveau système européen. Replacer les
États anciens dans leur situation relative, en
modifier quelques-uns, en créer de nouveaux,
resserrer la puissance française dans ses anciennes limites, tel fut le résultat définitif de ces
entreprises qui avaient épuisé la France d'hommes et d'argent, et qui la livraient à la merci
des étrangers, si, dans cette crise terrible, la
maison de Bourbon n'eût interposé toute la
majesté de son nom, et les garanties de la lé-

gitimité. Alors sembla scellé ce pacte d'une réconciliation universelle entre les peuples de l'Europe et le peuple français. Les princes et les nations apaisés, oubliaient leurs vengeances et leurs ressentimens. La France, riche, puissante et considérée, n'avait perdu que le simulacre de la grandeur; mais elle en conservait l'apanage réel. Toutes les inimitiés devaient se taire. Les opinions, les intérêts, les amours-propres tant de fois déjoués, avaient un partage équitable dans cette époque de clémence et de miséricorde.

Après un si long déchirement, chacun, comme étonné de survivre à sa ruine, ne pensa d'abord qu'à ressaisir ses dépouilles dans le butin des vaincus; et bientôt après, ne songeant qu'à se dédommager de leurs pertes, ou bien à conserver leurs acquisitions, les faibles et les forts se substituèrent aux prétentions du Gouvernement impérial. On peut dire que, dans ce partage de l'Europe, le droit de conquête fut consacré; en sorte que, loin de rétablir le titre de propriété, en remontant à l'époque qui précéda les invasions de la France, on admit les points de fait comme principes de droit, et les innovations ne firent que changer de forme.

Buonaparte avait attiré sur la France des fléaux inconnus dans nos annales militaires. Le retour des Bourbons venait de les faire cesser. Mais, comme si Buonaparte et ses partisans eussent craint de laisser nos désastres incomplets, ils firent le 20 mars, afin de nous livrer plus cruellement à la merci des étrangers.

Le négociateur le plus habile que notre monarchie ait eu depuis ses grandes époques, et dont le nom se lie si honorablement à la restauration, maintenait alors, au congrès de Vienne, la dignité de la puissance française, cherchant à rétablir, par la politique, l'équilibre que la force avait détruit. Mais le génie du mal, échappé de l'île d'Elbe, vint déconcerter la prudence du négociateur, et l'administration bienfaisante du souverain.

Les mêmes intérêts rapprochaient encore les puissances naguère liguées contre Buonaparte. Il ne pouvait leur offrir un seul gage de sécurité. Sa présence, au contraire, menaçait également, dans la paix et dans la guerre, ces vastes provinces échappées à sa domination. Il était devenu impossible en Europe, et non moins impossible en France. Il pouvait camper avec une armée victorieuse; mais rede-

venir, prince et chef d'un Gouvernement,
jamais. Son attitude vis-à-vis de la France et
de l'Europe, démontra, dans moins de huit
jours, qu'un usurpateur ne recommence point
sa fortune.

Buonaparte montra de l'habileté, lorsque,
secondé par les corporations qui l'avaient créé,
il fonda, par degrés, son autorité absolue.
Mais étranger à la politique extérieure, sa
force, ses richesses, ses victoires gigantesques n'ont produit que sa ruine. Tout ce qu'il
voulut changer ou détruire s'est relevé et
agrandi devant lui. Mais dans sa dernière ap-
parition, plus l'évènement qui venait de le
rappeler, semblait extraordinaire, plus il se
rapetissa et parut au-dessous de lui-même.
Si les succès de Sylla, qui prolongèrent de
cinquante ans la durée de l'antique pa-
triciat sur lequel reposait la grandeur de
Rome, suffisent à peine pour absoudre le dic-
tateur de tant de sang versé, comment absoudre l'homme qui, pour prix du sang de
tant de millions de braves et de tant de trésors,
prodigués, ne laisse à sa patrie que des malheurs et des désastres !

La situation intérieure de la France changea, dans cette seconde guerre, sa situa-

tion vis-à-vis des alliés. Faible et désarmée, livrée à l'empire des factions, elle subit la punition de n'avoir pas maintenu la monarchie légitime, qui lui rendait tant de prospérités. Avant de l'envisager dans les rapports nouveaux où la place le second traité de Paris, jetons un coup d'œil sur la situation des alliés.

La disposition des peuples du nord à se porter vers les régions méridionales n'est pas nouvelle. Mais jadis, sans frein et sans discipline, leurs invasions n'étaient point systématisées. Encadrées aujourd'hui dans un ordre de civilisation régulier, ces nombreuses peuplades suivent avec une aveugle soumission la main qui les guide, d'autant plus dociles qu'elles ne savent point raisonner l'obéissance.

Il ne sera pas sans intérêt d'esquisser le tableau de ces nations, si différentes du reste des Européens, sur lesquels leur Gouvernement exerce déjà tant d'influence.

# CHAPITRE V.

### La Russie et la Prusse.

La Russie présente dans son ensemble toutes les modifications de l'espèce humaine. Le développement gradué de la civilisation s'y montre avec toutes les nuances. On y voit des peuplades de chasseurs ; d'autres qui ne subsistent que de la pêche, sans aucune notion de propriété, nourries de chair crue et de fruits sauvages, vêtues de la dépouille brute des animaux ; près d'elles, des peuples pasteurs vivent avec leurs troupeaux sous des tentes mobiles ; ignorant l'art d'écrire et l'usage de la monnaie. Viennent ensuite les nations agricoles, dont l'observateur peut suivre toutes les progressions, depuis la culture la plus simple jusqu'à la plus industrieuse (1).

(1) *Voyez* Tooke, *Histoire de l'Empire russe.*

Par le même principe d'analogie, on rencontre aussi dans ce vaste Empire, toutes les modifications de constitutions civiles. Des insulaires de la mer orientale, étrangers aux premières idées des liaisons sociales, nous montrent l'espèce humaine au dernier degré de l'abrutissement. L'Orient de la Sibérie et les Lapons, présentent le gouvernement de la famille et l'image informe de la monarchie primitive; tandis que de nombreuses nations subdivisées en races, rappellent les mœurs patriarchales des tribus arabes.

La démocratie pure subsiste parmi plusieurs hordes cosaques qui donnent l'exclusion aux femmes, dans le partage de la communauté civile et domestique. Les Kalmouks conservent une monarchie républicaine mitigée. En portant plus loin cet examen, on trouverait les formes altérées de ces divers Gouvernemens, multipliées à l'infini. Si, dans ce vaste Empire, l'on considère l'individu; le servage de la glèbe, des paysans affranchis, des hordes exemptes de tributs occupent les champs, les mines et les steppes. La population des villes se compose de bourgeois et d'étrangers industrieux que favorisent des priviléges et des franchises. Chez quelques nations russes, la noblesse est héréditaire ; ailleurs elle est seulement personnelle, ou acquise dans les grades du service militaire.

Les idées religieuses et la diversité des cultes n'offrent pas moins de variétés, puisqu'on trouve en Russie, non seulement toutes les sectes chrétiennes connues, mais encore des Juifs, des Mahométans, des partisans du lamisme. Depuis le polythéisme jusqu'à l'ignorance des premières notions de l'Être-Suprême, les tribus sauvages, demi-sauvages, les peuplades régies par d'anciennes traditions, peuvent servir à l'histoire de toutes les erreurs humaines. Enfin les mœurs, les coutumes, les vêtemens, les habitations, les armes, les ustensiles de tous ces peuples, leurs visages et leur conformation présentent une égale diversité.

Une si prodigieuse quantité de nations retenues dans la soumission illimitée d'une seule volonté, et cette multiplicité de gouvernemens régis sous la forme d'un Empire unique, sont sans doute l'un des plus grands phénomènes de la politique. Nous en connaissons les étonnans résultats depuis Pierre 1er jusqu'à Catherine II, qui sut rattacher à un même système ces parties diverses, par une *législation* plus

positive (1). Une patente accordée à la noblesse,
déterminait ses prétentions, et confirmait les
droits et les immunités. Un nouveau régle-
ment politique sur les gouvernemens, suppléa
les lois fondamentales. S'il n'exista point encore un code uniforme et complet, l'administration de la justice prit des formes régulières
et protectrices ; le sénat tint lieu de corps intermédiaire ; et les réformes salutaires opérées
par le prince Potemkin, régularisèrent l'organisation de l'armée : d'aussi sages mesures
rendirent l'Empire florissant.

La Russie entra dans l'intérêt politique de
toutes les coalitions contre les gouvernemens
de la révolution. Mais elle n'agit d'une manière
active qu'en 1798. Alors la présence de ses
armées en Italie, sur le Rhin, en Suisse, opéra
dans quelques mois ce que toutes les puissances

---

(1) Suivant l'estimation authentique des acquisitions
faites pendant le règne de Catherine, publiée en 1796
par le major Oppermann, la Russie, sous Catherine II,
occupait en surface la huitième partie du globe ; et sa
population (soixante-quinze hommes par lieues carrées)
ne se trouvait pas dans le rapport du vingtième avec
celle de la France et de l'Angleterre. L'Empire, accru
de 526,12 werstes carrées, avait gagné 6,982,271 habitans. (Castéra, *Histoire de l'Empire russe*.)

de l'Allemagne n'avaient pu faire depuis six
ans. Soit qu'une influence militaire si reconnue
donnât de l'inquiétude au cabinet de Vienne,
soit que les princes coalisés ne s'entendissent
pas sur l'objet de la guerre, les succès de Su-
varow n'amenèrent aucun résultat. Depuis, la
Russie, comme auxiliaire de l'Autriche et de
la Prusse, s'est trouvée en opposition avec les
armées impériales de la France, sans pouvoir
protéger ses alliés, vaincus, mais sans perdre
rien de son territoire. Le règne actuel sera
fameux dans les annales russes. Le caractère
magnanime du souverain ajoute à tant d'illus-
tration. Une piété si haute, une modération si
soutenue, dans l'autorité absolue, doivent
faire le bonheur de ses anciens et de ses nouveaux sujets.

La seconde moitié de la Finlande suédoise
acquise, des conquêtes faites sur les Perses,
enfin la réunion du duché de Varsovie, placent
aux bords de la Vistule les frontières européennes d'un Empire dont la puissance s'étend dans
l'Océan-Pacifique, jusqu'aux îles voisines du
Japon, et qui n'a de limites, au nord de l'Asie,
que l'Empire de la Chine. La levée des hommes,
nombreuse et facile, coûte, pour la solde, l'ap-
provisionnement et l'équipement, beaucoup

moins qu'aux autres États. Ces levées n'occasionnent aucun préjudice à l'industrie ni même à l'agriculture. Ce qui cause la ruine des autres pays, constitue ainsi la puissance de l'Empire russe, et devient pour ainsi dire son industrie! Les bois de construction, les mâtures, le chanvre et le goudron, productions indigènes de la Russie, rendent aussi prompte qu'économique la construction des flottes dans la Baltique, sur le Pont-Euxin et sur la Mer-Blanche; tandis que les mines de l'Oural offrent tout ce qui peut servir à la fabrication des armes.

Tout favorise donc l'esprit de conquête suivi sans relâche, depuis Pierre-le-Grand, par le cabinet de Pétersbourg. Aucune époque ne peut lui devenir plus favorable que celle où cette autocratie colossale entraîne naturellement la Prusse dans ses intérêts, union commencée au premier partage de la Pologne.

Le second s'exécuta au moment même où l'Europe effrayée se liguait, afin de réprimer l'invasion des armées révolutionnaires. Bientôt après, fidèle à ses projets d'agrandissement, la Prusse seconda ce vaste plan de sécularisation qui prépara la confédération du Rhin; et pendant l'une des guerres les plus désastreuses de l'Autriche, le cabinet prussien, qui n'avait point encore deviné la politique du Gouvernement impérial, fit payer sa neutralité par l'occupation du Hanovre. Il ne reconnut qu'après la bataille d'Iéna, que l'ambition l'avait aveuglé sur ses intérêts réels, qui lui commandaient de secourir l'Autriche. Depuis cette époque, l'abaissement accéléré de la Prusse la conduisit, de concessions en concessions, presque au néant, lorsqu'une nouvelle coalition l'a rétablie dans le droit de conquête.

Dans l'espace d'un demi-siècle, les États prussiens, accrus des deux tiers, forment aujourd'hui plus de douze millions de sujets. Ses acquisitions nouvelles se composent du duché de Saxe; celles sur le Rhin comprennent le grand duché de Berg, la ville de Wetzlar et son territoire, avec la ville et les districts de l'ancien évêché de Cologne; sur la rive gauche du Rhin, elle occupe une riche contrée. La Prusse exerce les droits de souveraineté sur les margraviats de la Haute et Basse-Lusace, et sur un grand nombre de princes médiatisés. Enfin, ce royaume, qui commence au-delà de Memel, sur les frontières de la Russie, confine au territoire des Pays-Bas, du côté d'Aix-la-Chapelle, et touche aux limites de la France, par la possession de Landau. Les peuples si

divers de mœurs et de langage rassemblés
maintenant sous la domination prussienne,
présentent plus d'obstacles à l'unité que les
nations de l'Empire russe. Plus initiés à tous
les avantages de la civilisation, ils doivent
endurer plus impatiemment le système militaire sur lequel repose la monarchie prussienne.
Mais sa prépondérance devient sur-tout imposante par rapport au corps germanique, puisque, dans cette nombreuse aggrégation de souverains, le roi de Prusse présente une réunion
de sept millions et plus de neuf cent mille
sujets, tandis que l'héritier des chefs de cette
antique confédération n'en compte guère plus
de neuf millions quatre cent mille, circonstance qui change aussi, dans cette partie de
l'Europe, la nature des relations politiques
entre le parti catholique et le parti protestant.
Mais ce qui donne à toutes les acquisitions du
royaume prussien une véritable consistance,
c'est son union avec l'Empire russe ; union
naturelle, que les intérêts politiques et commerciaux doivent rendre indissoluble, et qui se
fortifie encore de sa situation, par rapport à
la confédération germanique.

# CHAPITRE VI.

## Confédération germanique.

LE pouvoir limité des rois, la liberté allo-
diale, le droit de posséder des terres en fief
absolu, remontent chez les Germains à la plus
haute antiquité. Les Constitutions des Francs,
des Saxons et des Bourguignons n'eurent point
d'autre origine que la tradition orale; long-
temps avant d'être écrites, elles furent reconnues comme règle des actions. Les peuples de
la Germanie devaient naturellement tenir à
ces lois inhérentes à leurs mœurs, et qui ne
dérivaient point du droit de conquête. Tacite
nous peint leurs confédérations sous des formes assez semblables à celles qu'ils maintiennent encore; et ces principes de durée dans
les institutions, prouvent toujours qu'elles résultent de la nature physique et morale des
peuples.

Ces barbares dévastateurs du monde civilisé, qui, sortis des Palus-Méotides, ravagèrent les contrées les plus opulentes de l'Empire romain, campèrent seulement en Germanie. Quoiqu'elle souffrît beaucoup de leurs violences et de leurs rapines, elle ne subit point entièrement le joug de la conquête, et se releva de ses longues ruines, avec ses mœurs et ses institutions (1). Les réglemens d'Henri l'Oiseleur (2) préparèrent le rétablissement des peuples et des Etats; les constitutions de la bulle d'or données sous l'empereur Charles IV, déterminèrent les droits et les priviléges de la bourgeoisie, de la noblesse immédiate, et des colléges supérieurs. Une hiérarchie de puissance et de subordination subsista depuis cette époque. Un droit public habilement systématisé, dériva de ces institutions; la faiblesse et

_____

(1) L'Empire des Francs, rétabli sous Louis-le-Germanique, y prit d'abord la forme d'une monarchie élective et limitée.

(2) L'Allemagne fut redevable à ses institutions civiles et militaires, de sa nouvelle grandeur. L'empereur Conrad établit en Italie, des lois sur les fiefs et les arrière-fiefs, qui, rendus héréditaires, devinrent la base du système féodal, et tendaient à limiter la prérogative royale.

la justice trouvèrent dans les diètes et dans les conseils auliques, de sages garanties contre les abus de la force.

Bientôt l'esprit d'innovation, qui se développe chez tous les peuples avec la civilisation, introduisit dans la religion des réformes dont l'influence ne pouvait manquer d'agir sur l'état politique des peuples et des souverains. Après une lutte de trente ans, l'intervention de tous les princes termina ces divisions sanglantes de l'Allemagne catholique et de l'Allemagne protestante. Le traité de Westphalie (1), chef-d'œuvre de la politique moderne, vraiment digne des plus grandes époques de la civilisation européenne, stipula les libertés politiques et religieuses des Etats et des citoyens, donnant pour garantie d'un pacte si solennel, l'assentiment de tous les souverains, et le nom de Louis XIV. L'Europe a ressenti pendant plus d'un siècle les heureux effets du traité de Westphalie. Il a retenu dans de justes bornes les prétentions de la maison d'Autriche, et n'a

_____

(1) Les répétitions dérivent naturellement du sujet que nous examinons, puisque nous envisageons les faits généraux, les faits particuliers et la relation de ces mêmes faits.

plus permis dans le corps germanique d'innovation subversive.

À son avènement consulaire, Buonaparte
trouva l'Allemagne encore elle-même. Les armées françaises n'avaient point occupé assez
long-temps les contrées transrhénanes, pour y
faire des assimilations. Elles commencèrent, au
traité de Munich, par de nombreuses sécula-
risations et des translations de principautés.
Ainsi l'on préludait à l'abolition de la bulle
d'or, qui fit éclore la confédération du Rhin.
Quelques victoires contraignirent bientôt le
souverain de l'Autriche à résigner la dignité
impériale de l'Allemagne, et la suprématie
passa de fait au chef du Gouvernement français.
Il faut considérer cette innovation comme
étant de la plus haute importance. Elle n'appartient pas uniquement à l'aveugle impulsion
de la force militaire ; elle se rattache à cet
ancien système qui fit intervenir la France au
secours des protestans, contre la maison d'Autriche. On y reconnaît l'influence d'un homme
d'état qui pouvait seul veiller sagement aux
destinées de son illustre patrie : il n'a manqué
à la France que d'habiles dispensateurs de
tant de forces et de trésors prodigués pour sa
ruine. Ils devaient suffire à la conquête du

monde entier, et n'ont pu même la préserver
de l'invasion. C'est la destinée de ce grand
peuple d'être souvent victime de la noble confiance qu'il accorde à ses chefs. Le vainqueur
de Marengo, au lieu de mettre sa gloire à la
mériter, sembla ne jouir de sa puissance que
par l'abus qu'il en faisait. Le modeste vainqueur de Hohenlinden, le général Moreau,
qui fut l'idole de son armée aussi valeureuse
que disciplinée, qui sut retrancher de la guerre
toutes les violences et les désordres attachés
trop souvent aux victoires, fut le véritable fon-
dateur de l'influence française en Allemagne.
Le Gouvernement impérial convertit bientôt
cette influence politique en domination militaire; elle finit, comme toutes les autres assimilations, par le traité de Paris.

Un nouveau droit public s'établit avec une
nouvelle confédération germanique; mais tous
les principes d'innovation s'y trouvent consacrés; ils y acquièrent l'extension fondée sur le
droit de conquête; et l'on chercherait vai-
nement les liens qui rattachent le présent au
passé.

Les affaires de la confédération sont confiées
à une diète fédérative, dans laquelle tous les
membres voteront par leurs plénipotentiaires,

soit individuellement, soit collectivement, sans
préjudice de leur rang. Dans la discussion sur
les lois fondamentales et sur les institutions
organiques, la distribution des voix, calculée
d'après l'étendue des États respectifs, peut se
subdiviser en soixante-neuf voix. Elle n'en
forme que dix-sept dans le collége suprême,
présidé par l'Autriche (1).

Ce collége remplace celui des anciens électeurs ; on n'y retrouve plus les princes ecclé-
siastiques de Mayence, de Cologne et de
Trèves. L'empereur et le conseil aulique ont
également disparu. Si l'on porte les yeux sur
l'ancien collége des princes séculiers ou laïcs,
sur la noblesse médiate ou immédiate, sur les
villes impériales, la différence ne semble pas
moins grande.

La surface des pays qu'occupent les membres de la confédération, présente une étendue
carrée de 11,794,08 milles Allemands, avec
une population de 30,167,460 habitans.

_____

(1) Cette puissance, dépouillée de la dignité impériale, ne se trouve plus dans les mêmes rapports avec
la confédération germanique, et nous ferons voir l'influence que ce changement doit avoir sur le nouveau
système.

Quatre villes libres subsistent encore ; Lubeck, Brême, Hambourg et Francfort ont la dix-septième voix dans la diète. Le grand-duché de Francfort est démembré entre les puissances copartageantes. Le landgrave de Hesse se voit réintégré dans les possessions dont il fut privé par la confédération rhénane ; les princes d'Oldenbourg et de Mecklimbourg se trouvent aussi réintégrés. Mais la noblesse immédiate a succombé dans les États prussiens, autrichiens et bavarois ; toutes les puissances créées ou agrandies par le Gouvernement impérial, obtiennent des sujets à la place de leurs vassaux, et les nombreuses corporations des villes libres passent sous l'autorité absolue des souverains. Il serait long et fastidieux de suivre dans les détails tant d'échanges, de démembremens, de confiscations, de déplacemens généraux et particuliers. Mais il faut convenir que si cette révolution opérée dans le corps germanique se dirige particulièrement contre la noblesse féodale, elle atteint également les priviléges de la bourgeoisie, et fortifie l'autorité souveraine, circonstances qui semblent échapper souvent à la sagacité des libéraux.

Quoi qu'il en soit, en ne la considérant que

sous les rapports de la politique extérieure,
la nouvelle confédération présente une masse
de trente millions d'hommes indivisibles, soli-
daires dans leurs attaques et dans leur défense
respectives. Aucuns moyens n'existent, comme
par le passé, de diviser les électeurs. Cette
ligue préjudiciable à la France, semble devoir
rester essentiellement adhérente à la Russie et
à la Prusse, et tenir au royaume des Pays-Bas,
par le duché de Luxembourg, cédé à la maison
de Nassau, comme domaine patrimonial. La
confédération a le droit de nommer le gou-
verneur et le commandant militaire de Luxembourg, sauf l'approbation du souverain. Ces
quatre puissances, en les supposant réunies,
formeraient une masse de plus de quatre-vingt-
huit millions d'âmes, dont le territoire s'éten-
drait depuis le Kamtschatka et les limites de
la Chine, jusqu'aux confins de Strasbourg et
de Valenciennes. Nous examinerons dans la
suite, si la balance politique peut exister avec
un pareil ordre de choses.

# CHAPITRE VII.

## Royaume des Pays - Bas.

LA création la plus importante qui résulte du nouveau système politique, est, sans contredit, le royaume des Pays-Bas. Il mérite donc un examen particulier, puisque, semblable au royaume de Westphalie, fondé, dans le sein de la Germanie, du démembrement des provinces allemandes, il se forme de la réunion de provinces long-temps annexées à l'Empire français.

Depuis que Louis XV, maître de la Flandre espagnole, établit sur cette frontière une ligne de places fortes, et détruisit Oudenarde, Menin, Charleroi (1), l'entrée des Pays-Bas fut ouverte aux armées françaises; ils devinrent

(1) Ces trois places furent rendues démantelées, en 1748.

pour l'Autriche une possession précaire. Exposés à demeurer d'abord le théâtre de la guerre, ils se trouvaient comme isolés ; environnés d'Etats étrangers, le Brabant et la Flandres ne pouvaient donc contracter ni les mœurs, ni les habitudes, ni l'esprit susceptibles de les incorporer à la grande monarchie des héritiers de Charles-Quint. Il résulta dans les peuples de ces provinces, une disposition inquiète, un esprit séditieux qui détruisaient les avantages de leur prospérité. La fécondité de la terre, secondée par le génie industrieux des habitans, qui, dès le quatorzième siècle, devançaient dans les arts utiles et dans les arts libéraux, la civilisation de cette partie de l'Europe, prouve combien la possession du Brabant et de la Flandres est précieuse. Le luxe des villes, la propreté des villages, l'aisance générale de toutes les classes, les grand travaux d'économie publique, exécutés pour favoriser la circulation intérieure, prouvent aussi la douceur et la protection du Gouvernement autrichien. Cependant, malgré de si rares avantages ; Joseph II, frappé des inconvéniens attachés à cette souveraineté, conçut le projet d'en faire l'échange pour quelques domaines plus rapprochés de ses Etats héréditaires.

Les guerres de la révolution firent prendre aux évènemens une autre direction. La bataille de Fleurus décida la conquête de la Belgique, assimilée bientôt après à la république. L'assimilation s'étendit au pays de Liége, au duché de Luxembourg, au pays de Limbourg, enfin à la Hollande, contrées soumises aux différens régimes français, jusqu'à la chute du Gouvernement impérial ; elles forment aujourd'hui, avec le Brabant, la Flandres et le comté de Namur, la nouvelle monarchie des Pays-Bas, qui compte à peu près cinq millions d'habitans. Luxembourg et le pays de Limbourg appartiennent au système allemand. Liége, Namur et le Brabant semblent liés par la religion, la langue et les mœurs, au système français. Anvers et la Flandres peuvent être considérés comme un point intermédiaire entre ces deux systèmes et celui de la Hollande. La position géographique des provinces unies, leur religion, le caractère particulier que leur fit contracter une longue et courageuse résistance à la monarchie espagnole, en forment une nation séparée. Sans discuter si la constitution morale de ces peuples n'oppose pas un obstacle insurmontable à leur aggrégation, bornonsnous à l'examen de leur situation militaire.

Le revenu de cette petite monarchie s'élève à la somme énorme de cent cinquante millions; son état militaire est de soixante et quinze mille hommes; les revenus et l'armée des Pays-Bas semblent considérables, relativement à son étendue, ainsi qu'à sa population; toutefois, nous pensons que l'un et l'autre doivent paraître insuffisans, relativement à sa situation politique.

Les traités qui donnent l'existence à cette monarchie, lui imposent l'obligation d'entretenir et de réparer sa ligne de forteresses du côté de la France. Menin, Oudenarde et Courtrai vont sortir des ruines où Louis XIV les avait ensevelies. La première élève déjà ses travaux, en présence de la formidable citadelle de Lille; les fortifications de Charleroi et de Namur se rétablissent, afin de garder les passages de la Sambre et de la Meuse. Luxembourg, comme adhérente à la confédération germanique, doit être digne de son importance. Le voisinage de la Prusse contraint le roi des Pays-Bas à reconstruire ces fortifications, que le paisible évêque de Liége laissait tomber en ruines. Le port et les bastions d'Anvers exigent encore de grands travaux. Maëstricht entre comme très-importante dans le système défensif.

Nous ne ferons point l'énumération de toutes les places que la Hollande se vit contrainte d'élever pour garantir son indépendance ; il nous suffira de faire observer que le petit espace occupé par la nouvelle monarchie est couvert de forteresses. Qu'est-ce que cent cinquante millions pour un entretien si dispendieux ; pour leur construction et la solde de l'armée nécessaire à leur garde et leur défense ? Qu'est-ce que soixante-quinze mille hommes pour un si vaste emploi ? En admettant Luxembourg, confiée aux troupes de la confédération, Liége, Maëstricht, Anvers, Menin et la ligne française, absorberaient seules des forces plus considérables. L'armée active, en cas de guerre, devrait donc s'accroître par des levées. Mais dans un pays essentiellement agricole, manufacturier, maritime, quel préjudice n'occasionne pas cette nécessité ! Elle enlève des hommes précieux pour l'industrie, et qui même ne suffisent point à sa défense. On dira que la Prusse et la confédération, comme alliés naturels, suppléeront les garnisons. Mais qui ne sait qu'un souverain qui reçoit dans ses places des forces étrangères, ne reste pas long-temps maître chez lui ?

Une autre objection naît encore de l'expérience, et sert à démontrer l'inconvénient et l'inutilité de tant de fortifications. Ce système militaire perfectionné par Vauban, lorsque les États et les armées subdivisés laissaient plusieurs points de résistance, et ne permettaient pas de hasarder des invasions subites ; ce système a changé depuis les guerres de la révolution. Des masses d'hommes si considérables ont pu sans danger s'éloigner de leurs frontières. Une bataille de Fleurus soumit la Belgique avec toutes ses places fortes. La bataille de Marengo fit tomber toutes les forteresses de l'Italie. La victoire de Hohenlinden et celles qui la suivirent produisirent subitement le même effet. Après la défaite d'Jéna, Magdebourg, jadis si redoutable, Spandau, Francfort, Custrin, etc., ne retardèrent point les progrès du vainqueur. Le général dont ces antiques boulevards des Etats n'arrêtèrent jamais les succès qu'à Saint-Jean-d'Acre ; parce qu'avec douze mille hommes il avait cru pouvoir conquérir l'Orient, Buonaparte, dans l'impossibilité de résister à l'Europe coalisée, abdiqua, maître encore de toutes les forteresses de l'Allemagne, de la nouvelle et de l'ancienne France. Celles mêmes qui se déclarèrent pour lui, depuis son retour, ne différèrent pas un instant sa chute.

Ces exemples perdraient leur force, si les derniers traités rétablissaient l'ancien ordre de
choses dans la politique européenne ; mais
comme tous les faits prouvent le contraire,
les guerres se feront encore avec de grandes
masses d'hommes.

Il semblerait donc que, par rapport au
royaume des Pays-Bas, on n'a peut-être point
assez calculé, dans cette réunion d'États, la nature des choses et le caractère des peuples. Je ne
crois point manquer de respect envers les illus-
tres alliés, en regrettant l'indépendance du pays
de Liége et d'Aix-la-Chapelle, donnée à la
Prusse. Quant à la Flandres et au Brabant, si
leur possession avait des inconvéniens pour
l'Autriche, elle laissait beaucoup d'indépendance aux nationaux ; elle occasionnait, il est
vrai, des guerres à cette puissance ; mais c'é-
tait un moindre danger que celui d'une invasion systématisée, qui pourrait s'étendre depuis le nord de l'Asie jusqu'à Menin et Landau, toujours dirigée contre la France ; car
il est impossible de ne pas compter pour quelque chose, dans l'alliance politique, l'alliance
de famille entre la Russie et les Pays-Bas.

Quant à cette maladie de fortifications qui
tourmenta toujours les petits États, où le roi

de Prusse et celui des Pays-Bas verront en-
gloutir leurs revenus ; si l'on veut rendre aux
forteresses leur ancienne importance , il faut
en bannir ces populations industrieuses , qui,
depuis un siècle , se rassemblent autour d'elles.
Leur ruine et la difficulté de les approvision-
ner , contrarieront sans cesse l'attaque et la défense. Il faut donc , afin de se montrer consé-
quent , les rendre à leur première destination,
ou plutôt il faut s'entendre pour réduire , dans
une proportion analogue , les forces de toutes
les puissances , et laisser prospérer l'industrie
dans les Pays-Bas et dans les autres États.

C'est par les petits États et les confédérations que recommença la civilisation. L'exemple des Grecs, qui couvrirent de leurs colonies tous les bords de la Méditerranée et du
Pont-Euxin ; les républiques du moyen âge,
la ligue anséatique, et les confédérations de
l'Helvétie ; enfin toutes ces villes impériales
peuplées par une bourgeoisie industrieuse , en-
seignent assez que l'époque favorable à la civilisation est celle où les petits États se forment,
et que son déclin se manifeste par l'accroissement des grands Empires.

~~~~~~~~~~~~~~~~~~~~~~~~~~~~~~~~~~~~~~~~~~~~~

# CHAPITRE VIII.

## Confédération helvétique.

———

Les cantons suisses gardèrent avec la république française une stricte neutralité. Mais l'héroïque dévoûment que leurs troupes montrèrent à Louis XVI, et la noble attitude du canton de Berne, inspiraient aux révolutionnaires des ressentimens qu'ils firent éclater dès que leur puissance eut acquis de la consistance.

La ville de Berne, véritable foyer de la liberté helvétique, rallia d'abord dans ses murs une élite courageuse de nobles et de bourgeois qui fonda son aristocratie. Elle affranchit l'Argovie de la domination autrichienne; les Vaudois invoquèrent son secours contre la maison de Savoye; son autorité dans ces deux cantons reposait sur un droit de patronage, et dérivait de titres fondés sur la bienfaisance.

Berne ne fit que suivre l'impulsion d'Uri, de
Schwitz, Underwald et Zug, dont les faibles
moyens, courageusement employés dans une
cause si sainte, déterminèrent l'affranchissement de l'Helvétie; Berne devint le centre et
la protectrice de la confédération, contre l'Autriche, contre le duc de Bourgogne. Sans l'é-
nergie de son Gouvernement et de ses armées,
ces faibles États auraient manqué de force et
de concentration.

Ce fut pour le renversement de cette aristocratie justement révérée, que le directoire anima
l'esprit démagogique. Il chercha naturellement
ses principes d'assimilation parmi les Vaudois et
dans l'Argovie. La force militaire décida promptement cette lutte. Berne fut anéantie, le pays
de Vaud, l'Argovie, l'Ober-Hasli, érigés en
canton; et ces vétérans de la liberté reçurent
une république à la française. Le Gouvernement impérial modifia ces innovations, rendit
quelque force à la république de Berne, accrut
encore le nombre des cantons confédérés; enfin,
l'acte de médiation laissa du moins à l'Helvétie
l'ombre de l'indépendance. Les victoires des
alliés ont ajouté de nouveaux cantons; leur nom-
bres entier s'élève aujourd'hui jusqu'à vingt-
deux. La république de Berne a regagné des pré-

rogatives. Mais, dans cette opération comme
dans toutes les autres, les innovations impor-
tantes se trouvent maintenues au préjudice des
anciens droits. Il faut toutefois considérer la
confédération Helvétique, dans son ensemble,
comme fondée sur des principes conformes à la
situation géographique ainsi qu'aux mœurs de
ses habitans.

L'esprit de conquête et d'invasion ne doit
pas la menacer; elle n'inquiète point ses
voisins par des projets d'agrandissement. Les
petits cantons, circonscrits dans leurs limites
naturelles, obtiennent pour la garantie civile,
cette étendue invariable et limitée que Platon
rêvait dans sa république imaginaire. Enfin, si
quelqu'État dans la nouvelle Europe présente
des chances de stabilité, c'est certainement la
confédération helvétique : on voit avec satisfaction que Genève, ce foyer d'industrie et de
tous les arts de la civilisation, exempte des
troubles qui la divisaient, place sa sécurité
dans son union avec le corps helvétique. La
monarchie des Bourbons retrouve de ce côté
une neutralité naturelle; mais elle n'est plus
dans les mêmes rapports avec la maison de
Savoye, comprise dans le système des alliés.
Gênes et les fiefs impériaux jadis annexés

à la république ligurienne, furent donnés
au roi de Sardaigne, en dédommagement
de la Savoye, laissée à la France avant le 20
mars. Cette province, restituée depuis à
ses anciens maîtres, aurait semblé devoir assurer le rétablissement de Gênes, également
conforme aux lois de l'équilibre et de l'équité.
Mais cet équilibre partiel ne peut subsister en
Italie, depuis les nouvelles acquisitions de
l'Autriche.

# CHAPITRE IX.

## Autriche.

DEPUIS trois siècles, des Etats se forment, les royaumes s'agrandissent des débris du vaste Empire de Charles-Quint. Le droit d'hérédité soutenu du droit de conquête, ne put fonder cette monarchie universelle, vaste projet de l'ambition, déjoué depuis Charlemagne jusqu'à Buonaparte, sans avoir désabusé les puissances qui nourrissent cette prétention imaginaire.

Mais la guerre de la succession ravagea surtout l'héritage des fils de Charles-Quint. Elle fit passer dans la maison de Bourbon toutes leurs possessions du nouveau monde et les plus belles qu'ils eussent en Europe. Toutefois, la monarchie autrichienne, avec ses états héréditaires et la suprématie de l'Empire d'Allemagne, resta toujours une puissance de premier ordre. La sagesse de sa politique et la douceur de son administration, la firent respecter au-dehors et prospérer au-dedans.

Soit principes, soit ambition, elle rallia dabord l'Europe contre la France révolutionnaire, et porta pendant vingt-cinq ans, avec de courts intervalles de repos, tout le poids de ces guerres désastreuses qui lui ravirent la Belgique, le Tyrol, les provinces d'Italie et celles des princes de sa maison, la moitié de celles acquises en Pologne, et jusqu'à la suprématie de l'Empire. Mais l'administration maintint sans violence l'autorité dans la Bohême, dans la Hongrie et les provinces qui l'avoisinent. Les peuples, loin de s'isoler de leur souverain malheureux, n'en restèrent que plus unis; mais elle fit la guerre avec les subsides de l'Angleterre, et ne se vit point obligée de grever ses peuples; elle céda promptement à la nécessité, sans s'obstiner dans une résistance impuissante; l'Autriche perdit ainsi très-peu d'hommes, et, par de prompts licenciemens, diminua tout de suite ses dépenses. En sorte que le monarque autrichien, après tant de défaites, atteint jusque dans la Hongrie et la Moravie, restait encore, au dernier traité, avec vingt-deux millions de sujets, tandis que la seule bataille d'Jéna suffit pour anéantir la puissance prussienne.

L'Autriche, unie à Buonaparte par des liens de famille plus apparens que réels, se vit forcée d'accéder au blocus continental, dans cette levée en masse du continent européen contre la Russie; elle envoya une armée au-delà de ses frontières de Pologne, et fit, dans l'intérêt du Gouvernement impérial, le simulacre d'une guerre. Après les irréparables désastres de cette campagne, la France mit encore sous les armes des forces capables d'en imposer à l'Europe; mais bientôt après, l'Autriche abandonnant sa longue temporisation, parut au premier rang des alliés; et depuis la bataille de Léipsick jusqu'au traité de Paris, cette puissance a recueilli les avantages de l'adroite politique qui de tout temps la firent nommer heureuse. Elle se relève aujourd'hui sous un nouvel aspect, plus puissante qu'avant la révolution.

La plus grande violation que puisse entraîner l'abus de la force, est incontestablement d'anéantir des États. Le directoire et Buonaparte en donnèrent l'exemple le plus révoltant, en livrant, d'un trait de plume, à l'Autriche la république de Venise. L'origine de Venise remonte jusqu'à la chute de la puissance romaine

en Occident. L'Europe lui doit toutes les traditions qui lient la civilisation moderne à la
civilisation ancienne. Elle seconda puissam-
ment les croisades, et l'Empire éphémère des
Latins. Venise lutta sans cesse contre les Musulmans, et protégea long-temps, dans l'Adriatique et dans l'Archipel, le commerce des chrétiens. Cette république subissait le déclin que
les destinées réservent à tous les Empires
vieillis, lorsque tout à coup elle cessa d'exister.

Buonaparte ne céda jamais rien qu'avec la
ferme volonté de le reprendre, et sur-tout afin
de justifier, aux dépens de ses alliés ou de ses
ennemis, les violations qu'il méditait. Il réunit
donc plus tard à son Empire tous les Etats vénitiens. Ce siècle d'idées libérales fut, comme
chacun le sait, mortel aux peuples libres. La
république de Raguse, absorbée dans la domination française, est également anéantie.

Les alliés ont donné ces deux Etats à l'Autriche ; elle forme donc un ensemble complet,
qui s'étend depuis les limites de la Gallicie et
de la Transylvanie, jusqu'aux extrémités de la
Dalmatie, et, traversant le Milanais, arrive
jusqu'à la mer de Toscane.

Les puissances reconnaissent Sa Majesté
l'empereur comme souverain légitime des pro-

vinces et territoires cédés par les traités de
Campo-Formio (1797) et de Lunéville (1801);
l'Istrie vénitienne, la Dalmatie, les îles de l'A-
driatique, les bouches du Cattaro, Venise et
les Lagunes; les districts de la Terre-Ferme,
sur la rive gauche de l'Adige, le Frioul véni-
tien, etc. Voilà sans doute une belle compensation de la Flandres et du Brabant. Le grand
duché de Toscane, qui n'est, ainsi que le Milanais, qu'une restitution, réunit les Présides,
l'île d'Elbe entière, Piombino et ses dépen-
dances. La maison d'Autriche acquiert encore,
au préjudice de la maison de Bourbon, le duché de Parme. A ces dédommagemens, elle
ajoute une part considérable dans les indemnités payées par la France; les subsides du
roi de Naples, et la restitution des places fortes
payée si chèrement par le roi de Sardaigne.
Ces acquisitions changent les élémens de la
puissance autrichienne, l'isolent des guerres
d'Allemagne, étendent ses frontières sur l'Empire ottoman, et lui donnent sur-tout une
tendance naturelle vers le développement des
forces maritimes. Les ports de la Flandres,
trop voisins des Dunes, et trop rapprochés de
l'Angleterre, ne pouvaient favoriser l'accroissement d'une marine militaire. Mais Venise

et les ports de l'Adriatique ont fait leurs
preuves dans ce genre.

Elle se trouvait, par sa position géographique, alliée naturelle de l'Angleterre ; une rivalité maritime va désormais s'établir entre ces
deux puissances, dont l'une succède, comme
nous venons de le dire, aux possessions que
Venise et Raguse occupaient sur la mer Adriatique, et l'autre règle la république naissante
des Sept-Iles. Le commerce du Levant et de
l'Archipel est d'une haute importance, et celle-
ci ne consentira pas long-temps à le partager ; d'un autre côté, les nouveaux ports
si nécessaires aux débouchés de la monarchie
autrichienne, doivent maintenir avec énergie
leur pavillon.

# CHAPITRE X.

## De l'Angleterre.

L'Angleterre, depuis le gouvernement de Cromwell, se trouve dans une situation particulière. Il faudrait remonter jusqu'à l'époque de Charles VII, qui la priva des possessions continentales acquises par le mariage d'Éléonore de Guyenne, afin d'expliquer la nécessité de donner un nouvel emploi à l'activité militaire et industrieuse de ce grand peuple. C'est un lieu commun trop usé, de démontrer les avantages maritimes que les insulaires ont, de tout temps, retirés de leur position géographique; de rappeler l'influence du principe démocratique dans tous les États commerçans, et les modifications qu'y doit subir l'aristocratie. Nous nous contenterons de remarquer que les sujets et le Gouvernement de la Grande-Bretagne obéirent insensiblement à la même

impulsion. Le commerce n'est pour les autres
grands États européens qu'une dérivation plus
ou moins accessoire de leur politique. Mais
les principes constitutifs de la politique anglaise reposent uniquement sur la puissance
maritime et commerciale.

D'anciens traités ouvraient déjà depuis
long-temps aux vaisseaux anglais les mers
du Nord et de la Baltique. L'un des plus
importans ( *intercussus magnus* ) fut celui
d'Henri VII et de Marguerite d'York, qui créa
bientôt avec la Flandres et le duché de Bourgogne des relations si favorables à l'industrie.
La découverte du nouveau monde reculait
chaque jour les limites du commerce anglais,
lorsque l'acte de navigation en devint la loi
fondamentale. Après avoir déterminé ses droits
et ses prérogatives, il fallut assurer les moyens
de circulation, et multiplier les valeurs métalliques au moyen des valeurs fictives. Cet avantage résulta de l'établissement de la banque.

L'esprit d'association, favorable à tous les
genres d'industrie, procurait aux sujets des
bénéfices réels, qui présentaient en même
temps au Gouvernement de vastes ressources
sans-inconvéniens. Ainsi s'établirent la compagnie des Grandes-Indes, celle des Indes-

Occidentales, d'Afrique, etc., qui devinrent des centres d'autorité sur lesquels le souverain n'exerça qu'une suprématie politique. La prospérité de ces divers établissemens extérieurs encouragea de nouvelles associations, qui se chargèrent de l'entretien des routes, et portèrent au plus haut degré de perfection les procédés de l'hydraulique. Elles multiplièrent par de nombreux canaux les moyens de circulation intérieure; elles appliquèrent à l'exploitation de toutes les richesses minérales des trois royaumes, ces ingénieuses découvertes au moyen desquelles on économise plus des quatre cinquièmes de la main-d'œuvre. Enfin, l'argent acquis par le négoce, servit à féconder l'agriculture; en sorte que le Gouvernement, contemplant avec sécurité le fruit de ses bienfaits, n'eut d'autre soin que de protéger et d'encourager.

Mais tant de sages mesures n'obtenaient qu'un résultat incomplet, si le même esprit qui les créait ne faisait pas concourir au même but les opérations militaires et politiques capables d'assurer les débouchés du commerce anglais. Cette tendance, réduite en système, détermina l'occupation de Gibraltar (1704), que tous les efforts de la guerre et de la diplo-

matie ne purent jamais faire restituer; possession importante qui commença d'assurer aux
îles britanniques leur communication avec la
Méditerranée. La puissance de la France,
affermie sur toutes les mers par les moyens
propres que lui créa Louis XIV, et par les
avantages du pacte de famille, qui rendait indivisibles nos intérêts et ceux de l'Espagne, ne
permit pas alors au cabinet de St.-James d'accélérer le développement de ses plans. On peut
donc le considérer à peu près comme station-
naire jusqu'à la guerre de sept ans. Mais, depuis cette-époque, sa domination s'est constamment étendue. Notre domination n'était pas
contestée dans l'Inde, lorsque la prise de
Chandernagor par lord Clive (23 mars 1757),
accrut dans ces opulentes contrées, l'influence
des armes britanniques! Le traité (1763) qui
consacra nos revers dans l'Orient, nous fit
encore perdre le Canada : ainsi s'éclipsa notre
empire dans l'Inde ; ainsi nos navigateurs,
exclus du nord de l'Amérique, perdirent le
commerce de pelleteries fait avec les sauvages.
A cette même époque, la puissance anglaise
s'étendit encore aux îles du vent. Quinze ans
après, le cabinet de Versailles, habile à profiter des divisions occasionnées par l'acte du

timbre, entre la métropole et ses colonies sep-
tentrionales, termina cette guerre maritime
(3 sep. 1783) par l'indépendance des États-Unis,
la liberté du port de Dunkerque, et la rétro-
cession à l'Espagne de Minorque et des Florides.
L'Angleterre ne compensa ces pertes que par
l'acquisition de Négapatan, qu'abandonna la
Hollande (20 mai 1784).

Le déclin commercial de cette république
s'avançait alors sensiblement; il lui restait
encore Batavia, Ceylan, Timor et le cap de
Bonne-Espérance. Son commerce d'épiceries
était considérable. Sa position se trouvait, il
est vrai, beaucoup plus faible dans les mers
d'Amérique. Mais en Europe, ses citoyens
n'étaient plus les facteurs des grandes puissances maritimes; chacun manufactura, dans
ses propres arsenaux, les agrès tirés jadis des
Provinces-Unies. D'ailleurs la richesse des tra-
fiquans, prodigieusement accrue, fortifiait l'esprit démocratique au point de faire craindre le
renversement de l'autorité exécutive, qui ne
dut son maintien qu'à des secours étrangers.
L'Angleterre semblait donc destinée à s'approprier les avantages du commerce hollandais,
lorsque l'invasion de la France lui en offrit le
prétexte.

Ici commence le grand développement du système exposé plus haut. La réputation de M. Pitt, consacrée par les contemporains, ne peut que s'accroître dans la postérité : les principes de son administration deviendront des maximes fondamentales, et l'homme d'état en fera les règles de sa conduite. Le génie de M. Pitt embrassa toutes les parties de l'économie publique. Il partage avec Aristide la renommée d'un désintéressement irréprochable, vertu la plus rare chez les hommes publics du siècle, et sans laquelle il n'exista jamais de véritable grandeur. Mais ce ministre sera grand sur-tout, parce qu'il a connu le véritable intérêt de sa nation, et l'a toujours dirigée selon ses habitudes et son caractère.

Il semblait que le ministre d'une monarchie limitée, épris du système représentatif qui faisait la prospérité de l'Angleterre, allait d'abord adopter avec enthousiasme les idées de nos premières assemblées. Mais l'homme politique vit dans les élémens de la révolution française, les principes qui devaient causer le renversement du trône; tandis que M. Burke en signalait d'avance les conséquences désastreuses, M. Pitt préservait sa patrie de la contagion par l'état de guerre. Avouons-le, en déplorant les

calamités de notre malheureux pays, c'est à cet
état d'hostilité contre la révolution, qu'il faut at-
tribuer l'accroissement de la puissance anglaise.

La France faisait la guerre pour commander; l'Angleterre pour acquérir, parce que le
commerce devient toujours la cause ou l'objet
des guerres de la Grande-Bretagne. Les subsides donnés aux puissances coalisées, lui deviennent même profitables. Ils se paient en marchandises; ils augmentent la circulation des
capitaux; ils établissent des relations souvent
plus actives que celles de l'état de paix générale.

Si l'on se rappelle ce que nous avons dit
plus haut sur l'occupation des positions maritimes, et l'extension de l'influence commerciale de la Grande-Bretagne, on ne suivra pas
sans intérêt l'étonnante progression des vingt
dernières années. La première gradation, c'est
le renouvellement du traité de commerce avec
la Russie ( 21 février 1797 ). Deux ans après, la
puissance de Tipoo-Saïb détruite, assure la
soumission de toute la presqu'île, et prépare
les conquêtes de l'Empire du Mogol et du
royaume d'Ava, conquêtes qui, sans cesse reculées, placent déjà plus de quarante millions
d'âmes sous la domination de la Compagnie.

Les possessions éloignées dont la population se compose de tributaires, ne sont point
sujettes à contestation, tant que la force subsiste; les tribus et les milices du pays, con-
tribuent à les maintenir dans la dépendance.
Il suffit d'occuper avec des garnisons les places
fortifiées, de détruire celles des ennemis, de
ne point rendre trop pesant le joug de la victoire, pour maintenir et pour étendre dans
l'Inde la domination des Anglais. La division
des sectes y sépare les peuples et les individus,
et s'oppose à ces rapprochemens qu'opèrent facilement un même culte et des intérêts semblables. Les peuples de la presqu'île, amollis,
industrieux, ne sont point troublés dans leurs
habitudes, et trouvent le joug européen bien
moins pesant que celui des Mogols. Leur sécurité devient telle, qu'ils placent volontairement leurs capitaux sur la Compagnie, qui paie
régulièrement l'intérêt. Un autre avantage des
possessions maritimes éloignées, lorsque la
domination se trouve établie, c'est d'avoir
beaucoup moins à craindre les hostilités des
puissances européennes, et la concurrence du
commerce. Ces longs trajets forment en outre
des marins expérimentés, et perfectionnent
l'art de la navigation; en sorte que les moyens

créateurs de la conquête en deviennent aussi
les moyens conservateurs. Tout homme éclairé
sur les véritables intérêts de l'humanité, ne
peut refuser un tribut de reconnaissance à la
nation qui porta la religion, les arts et les lois
de l'Europe dans le nord de l'Amérique, alors
occupé par des sauvages; dans les plus belles
contrées de l'Asie, parmi les indigènes des îles
d'Otaïti, et sur les plages désertes des terres
australes. L'état de compression où l'Angleterre s'est trouvée pendant le succès des armées
impériales, n'a fait qu'accélérer le développement de ces utiles entreprises; tandis que des
flots de sang ruisselaient sur l'Europe entière.

Les colonies ont aussi des avantages réels;
mais elles coûtent de grandes dépenses pour
l'administration civile et militaire. Les prétentions des nationaux embarrassent souvent
les métropoles; et l'on a vu le danger qu'y présentent en Amérique les grandes masses d'esclaves. Depuis la guerre des États-Unis, que
de colonies séparées des métropoles, ou per-
dues pour elles; tandis que, depuis la même
époque, la puissance anglaise n'a fait que
s'accroître dans l'Inde! Mais il ne résulte pas
de ces observations que les puissances privées
de tributaires doivent renoncer aux colonies.

Les guerres continentales de la France, et
l'attention soutenue que donnèrent à la ruine
de sa marine et de ses colonies, les divers
Gouvernemens de la révolution, laissèrent
l'Angleterre en pleine sécurité. Le gouvernement consulaire dépassa ses espérances, en
lui donnant Ceylan, le cap de Bonne-Espérance et la Trinité (1). Fidèle à son principe, la
voilà donc reconnue maîtresse des trois points
les plus importans dans les mers d'Asie, sur
les côtes d'Afrique, en présence du continent
américain. Mais Buonaparte ne croyait pas
avoir assez fait pour elle; l'île de Malte, en-
levée à ces fidèles chevaliers qui défendirent si
long-temps le pavillon des chrétiens contre les
musulmans, l'île de Malte fut donnée par cet
homme qui vit détruire la flotte d'Aboukir,
devait anéantir, à Trafalgar, la marine espagnole et française, et voir brûler neuf vaisseaux sur les côtes de son Empire (rade des
Basques). Il en coûte de rappeler de pareils
désastres. Mais croira-t-on qu'avec de semblables moyens, Buonaparte ait voulu sé-

(1) Le traité d'Amiens sembla fait uniquement dans
l'intérêt de Buonaparte, qui voulait se faire reconnaître
par le Gouvernement anglais.

rieusement travailler à la ruine de l'Angleterre,
et qu'il crût y parvenir par le blocus continental?
Ce blocus fit incendier Copenhague, prendre
une flotte russe dans la rade de Cronstadt, occuper Héligoland, à l'embouchure de l'Elbe;
enfin le blocus occasionna cette guerre si désastreuse au commerce des États-Unis.

L'expédition d'Egypte avait eu pour résultat l'établissement de la puissance maritime
des Anglais au centre de la Méditerranée;
elle fit encore passer à ses négocians les avantages que la France retirait du commerce du
Levant. Nous avons dit quel fut aussi pour
l'Angleterre le résultat militaire et politique
des fausses terreurs que lui inspira le camp
de Boulogne. Les armées d'Espagne et de
Portugal firent trouver au commerce des débouchés inconnus; armes, munitions, équi-
pemens, relations habituelles avec les colonies d'Amérique, telle fut la nouvelle source
de richesses qui s'ouvrit pour l'Angleterre. Son
Gouvernement, habile à profiter des erreurs
de ses ennemis, combattit ouvertement, dès
l'origine, les choses et les hommes de la révolution. Ces proscrits fidèles à la maison de
Bourbon, ces ministres de l'Evangile trouvèrent, ainsi qu'elle, parmi les Anglais, l'asile et

les secours que toute l'Europe leur refusait.
Le premier usage que les Anglais firent de leur
influence continentale, fut de travailler loya-
lement à la restauration. La magnanimité du
souverain, la politique du ministère, enfin
l'héroïsme de ce grand capitaine, dont la gloire
remplit l'intervalle qui sépare la guerre de la
succession des guerres récentes de l'Angleterre,
tout s'est réuni dans un noble intérêt pour
la monarchie légitime. Ces causes expliquent
assez l'injuste animosité que l'Angleterre
inspire à quelques hommes ; elles justifient
aussi la reconnaissance de ceux qui savent
concilier l'amour de la patrie avec l'estime
qu'on doit à tous les procédés généreux.

Mais en parlant de cette puissance, la liai-
son des idées amène d'abord l'examen de ses
relations avec le Portugal.

# CHAPITRE XI.

### Le Portugal et l'Espagne.

Une alliance qui remonte jusqu'à l'élévation de la maison de Bragance, imposait au cabinet de Saint-James l'honorable nécessité de secourir le Portugal, inhérent à son système de commerce. Pendant le court intervalle de la paix forcée que ce royaume fit avec la France, les Anglais occupèrent l'île de Madère, et s'assurèrent de Goa, sur la côte du Gange; mais l'état d'hostilité ne fut jamais réel entre ces vieux amis.; la maison de Bragance n'était déjà plus maîtresse dans sa capitale, et ne pouvait satisfaire toutes les prétentions des ambassadeurs français, lorsqu'une flotte nombreuse mouilla près de Lisbonne; les Français virent le pavillon anglais flottant sur le Tage, et, peu d'heures après, toute la cour et les membres du Gouvernement portugais voguer vers le nouveau monde.

Cette translation d'une puissance européenne dans le nouvel hémisphère, la colonie devenue tout à coup métropole, présageaient les évènemens les plus surprenans de ce siècle extraordinaire. Mais, semblable à ce fluide qui communique le mouvement à des corps inanimés, sans pouvoir leur rendre la vie, l'Angleterre n'a pu rendre la vie morale aux héritiers de Gama; et le royaume du Brésil ne répond point aux grandes espérances qu'il fit concevoir; il faut en chercher les causes dans les époques reculées.

Le royaume de Portugal, formé de provinces reconquises sur les Maures, étendit ses possessions en Afrique, jusqu'aux régions voisines du mont Atlas. Au zèle religieux qui long-temps avait exalté le courage des Portugais contre les Musulmans, succéda un autre genre d'entreprise. Leurs navigateurs, conduits dans les mers d'Afrique, découvrirent Madère, les îles du cap Vert, établirent des relations avec les peuples du continent africain. Ils franchirent avec audace ce cap des tempêtes, qui leur ouvrit les routes maritimes de l'Inde; et dans le cours de leurs voyages, ils reconnurent cette vaste partie de l'Amérique connue sous le nom de *Brésil*.

Alors l'esprit belliqueux des Européens rece-
vait une nouvelle impulsion due au génie de
Gama et de Christophe-Colomb. L'attrait de
la gloire, uni à celui des richesses, portait
toutes les idées vers l'Inde et l'Amérique. Cette
grande révolution maritime tourna sur-tout au
profit du tiers-état; car le commerce et le trafic
sont particulièrement de son ressort (1).

Un royaume européen dont la population ne
s'élevait guère qu'à deux millions d'âmes, pos-
sédait, au seizième siècle, l'Empire du grand
Océan, étendait sa domination jusqu'aux mers
de la Chine, occupait, sur les côtes du Ben-

---

(1) Cette activité fut encore maintenue dans la péninsule, sous la domination des Maures et des Visigots,
par une circonstance étrangère qu'il n'est point inutile
de rappeler. L'empereur Adrien avait fait transporter
en Lusitanie quarante mille familles juives de la tribu
de Juda, et dix mille de la tribu de Benjamin. Ce peuple
trafiquant, exposé, sous la domination de Visigots, à
toutes sortes de persécutions, favorisa l'invasion des
Musulmans, et trouva, pour sa religion et son industrie, une entière sécurité; il la perdit à la chute de ses
protecteurs. Mais les chrétiens espagnols et portugais
s'étaient instruits par l'exemple des Juifs et des Arabes;
et la situation de Lisbonne, si favorable aux expéditions maritimes, seconda merveilleusement l'esprit industrieux.

galé, du Malabar, sur toutes les plages du continent africain, des positions militaires ou commerciales. Cette puissance, déjà disproportionnée avec les moyens de domination, entraîna la perte du royaume de Fez. Mais la véritable cause d'épuisement fut l'occupation du Brésil. Ni l'importation des nègres, ni l'établissement des colons ne purent suffire à l'exploitation de cette immense contrée, dont les naturels repoussent tous les arts européens, et reculent devant la civilisation. Aussi le Brésil ne fait, depuis trois siècles, que de faibles progrès, et n'a produit que l'affaiblissement de la métropole. La progression ordinaire de la population, dans un climat salubre où la nature prodigue avec profusion tous ses présens, aurait dû couvrir d'hommes cette contrée, qui n'en compte pas un million. Ces causes d'épuisement firent successivement passer à la Hollande, à la France, à l'Angleterre, les conquêtes du Portugal; elles semblent encore révéler les obstacles que rencontre aujourd'hui la création d'un royaume européén sur le continent d'Amérique.

Toutefois, les Anglais, après avoir mis leur allié en sûreté dans ses propres colonies, se chargèrent encore de défendre sa métropole.

Ces armées qui, sous des généraux habiles,
opérèrent, en présence des vainqueurs, la
belle retraite de la Corogne, avaient d'abord
reconquis le Portugal (convention de Vimiera),
et servaient déjà comme auxiliaires dans la
guerre de la péninsule, épisode mémorable de
cette époque, qui, dans la suite, en devint le
sujet principal.

Il faut remonter plus haut que les époques
modernes, pour expliquer les causes du déclin
de l'Espagne.(1). L'exploitation de ses mines,

---

(1) A l'occident de l'Europe est une région fertile,
découverte anciennement par les Phéniciens. Leurs colonies et celles des Carthaginois vinrent y chercher
des richesses inconnues jusqu'alors. Dans aucune autre
région du globe l'effusion du sang humain n'a été plus
longue et plus terrible. Les Romains, succédant à la
domination de deux peuples avides de richesses, s'en-
richirent, pendant plus de deux siècles, des trésors de
l'Espagne, sans pouvoir les épuiser. Après des siècles de
ravages commis par les barbares du Nord, l'invasion des
Maures attirant sur la péninsule tous les peuples de
l'Orient, qui l'avaient conquise, et ceux de l'Occident,
qui voulaient la défendre, elle devint le théâtre de tant
de batailles et de dévastation, qu'on n'imagine pas comment l'espèce humaine pouvait suffire à une pareille destruction.

Cependant, sous les Ommiades, le royaume de
Cordoue acquit une prospérité inouïe. Le revenu d'Ab-

depuis les Phéniciens jusqu'aux Ommiades,
épuisa dans la péninsule cette source de ri-

---

déram III, dit un historien (Briand, t. 1, p. 186), sur-
passait la richesse de tous les monarques chrétiens; si
l'on calcule la différence des valeurs numériques, cette
somme excède, dans une proportion sextuple, le revenu de l'Espagne moderne, malgré la source de richesses qu'elle trouve dans les mines du nouveau monde.

Son commerce ne devait pas exciter moins d'étonne-
ment. Le cuivre, le vif-argent, le fer s'exportaient de
l'Espagne en Barbarie, en Egypte, en Orient. L'ambre
gris, le soufre, le safran, le gingembre et la myrrhe
faisaient partie des productions de la péninsule. La côte
de l'Andalousie était renommée pour la pêche du corail;
celle de la Catalogne donnait des perles; les rubis de
Malaga, ainsi que les améthystes de Carthagènes,
étaient fort recherchés. La trempe admirable de l'acier
espagnol faisait les armes par excellence. Tous les Musulmans d'Afrique n'achetaient point ailleurs leurs cui-
rasses, leurs casques et leurs cimeterres. Les soieries de
Grenade, et les draps de Murcie, se vendaient à de
grands bénéfices dans les marchés de Constantinople et
d'Alexandrie. Tous les ports de l'Empire grec, ouverts
aux Arabes espagnols, recevaient d'eux les marchandises que l'opulence de cette grande capitale consommait. Le commerce attirait ainsi, dans l'Espagne, les
trésors accumulés dans le vieil Empire.

Il en faut conclure que le 10e siècle fut l'époque floris-
sante de la péninsule, et que la prospérité répandue sur
sa surface entière n'égale pas la prospérité dont jouissait
le seul royaume de Cordoue.

chesses; celles d'un sol si fécond durent éprou-
ver, par suite de tant de guerres intestines, un
appauvrissement progressif; c'est ce qu'indi-
que la diminution de sa population, si considérable pendant la durée des royaumes maures
et visigots, époque où tant de capitales ras-
semblaient des richesses et des habitans sans
nombre.

L'Espagne, à peine délivrée de ses guerres
intestines, forma les expéditions qui volaient
dans ses vastes possessions du nouveau monde,
en même temps qu'elle constituait la force
principale des armées qui, sous le règne de
Charles-Quint, aspiraient à la monarchie universelle. Quels peuples, quels Empires, depuis
le moyen âge, supportèrent de semblables efforts (1)?

La guerre de la succession, séparant les
provinces belgiques et le Milanais de la monarchie espagnole (2), lui rendit son existence propre, et la plaça dans ses rapports na-

_____

(1) Les émigrations libres, loin de nuire à l'accroissement, le favorisent; mais il faut qu'elles n'épuisent pas
la mère-patrie, et qu'elles lui reportent leurs richesses
acquises sur d'autres terres.

(2) Joseph II s'en rendit maître en 1706.

turels. Depuis le règne des Bourbons, la prospérité de ses colonies s'est prodigieusement
accrue ; la métropole a trouvé la paix que lui
prédit le grand prince qui précisa d'un seul
mot les résultats d'un siècle entier (1). Mais Buonaparte refit des Pyrénées, et rendit encore
aux armes anglaises l'éclat qu'elles avaient
perdu.

La politique du Gouvernement impérial
dans la péninsule ; le développement de la
puissance anglaise par ses armées continentales ; et combien la résistance des Espagnols a
concouru à l'affranchissement de l'Europe, se
présentent si naturellement à tous les esprits,
qu'il semble inutile de les retracer. Les évènemens du nouveau monde, par leur éloignement et leur importance, peuvent offrir plus
d'intérêt.

Depuis l'affranchissement des colonies sep-
tentrionales, la chimère favorite de l'esprit
philosophique, est l'indépendance générale
de l'Amérique. On l'a prédite, on l'a préparée.
Enfin, l'invasion de la péninsule sembla devoir accélérer l'œuvre des siècles. Les nova-
teurs, dans cette occasion comme dans toutes

_____

(1) « Il n'y a plus de Pyrénées, » dit Louis XIV.

les autres, ont pris leurs théories pour des
vérités, loin de reconnaître que les faits démen-
tent constamment leurs idées spéculatives.

Avant l'invasion de la péninsule, une république s'était formée dans les Caraques, to-
lérée par le Gouvernement britannique, alors
en état d'hostilité avec l'Espagne, favorisée
par les Américains, procteurs-nés de tous les
insurrecteurs. Cette république ayant à sa
tête un général instruit dans les armées françaises et dans les arts de l'Europe, a pu sans
obstacles organiser son administration et ses
forces militaires. Eh bien ! cette république a
succombé aux premières attaques de l'autorité
légitime, et n'existe déjà plus. Les insurrections partielles, dans le Mexique et dans le
Pérou, sont restées impuissantes. Les capitales et les trésors de ces opulentes contrées
sont maintenant dans l'obéissance de la métropole. Reste donc, pour la consolation des
libéraux, la république de Buenos - Ayres.
Quelles causes s'opposent aux progrès de l'in-
surrection ? quel serait le résultat de l'indépendance ? voilà ce qu'il faut examiner.

D'abord, au milieu de ces violentes crises,
les indigènes demeurent passifs, et les grands
propriétaires ne peuvent que perdre à l'isole-

ment de la métropole : les villes de Mexico,
de Santa-Fé, de Lima, liées par des relations
de choses et de personnes, sont véritablement
espagnoles. Dans les provinces secondaires, la
population, trop faible pour se constituer en
états, se verrait obligée d'armer et d'affranchir
les nègres ; alors le pays, comme à Saint-Domingue, finirait par rester au pouvoir de ces barbares. Les colons, les propriétaires et les commerçans, frappés de ces inconvéniens, ne fa-
vorisèrent point ouvertement les insurrections
excitées uniquement par des aventuriers. Depuis
la paix générale, l'Angleterre, fidèle à ses alliances, n'entretint aucune communication
avec les révoltés, qui succombent chaque jour.
D'ailleurs le Gouvernement ne donnait point
au mécontentement de prétextes raisonnables ;
ce qu'on appelle, en style libéral, *oppression*,
n'empêchait point la prospérité du Mexique et
du Pérou. La Havane s'enrichit aujourd'hui
de l'industrie et des capitaux sauvés de Saint-
Domingue ; la culture de sucre s'y est accrue
et perfectionnée à un tel point, que la richesse
de Cuba dépasse depuis vingt ans toutes les
progressions ordinaires. Mais en supposant
l'indépendance possible, devait-elle être profitable pour l'Amérique, pour l'Europe, pour

le monde entier ? Il est difficile de le croire ;
organiser un système administratif, créer une
marine militaire et commerçante, régler les
droits des citoyens et des esclaves, tout reste-
rait à faire pour l'Amérique indépendante.
Rompre et recommencer des rapports établis
depuis trois siècles avec toutes les parties du
monde, ne seraient-ce pas encore d'insurmontables difficultés ? Quel moyen d'employer
en Chine et dans l'Inde ses trésors, quand les
besoins ne sont plus les mêmes ? avec l'Afrique,
quand on ne veut plus d'esclaves ? Quand on
ajoute aux trésors des mines, la cochenille,
l'indigo de Guatimala, le quinquina, et tant
d'autres denrées précieuses, quelle balance
établir avec le commerce européen ? Ajoutons
que l'influence du climat replacerait bientôt la
population efféminée du Pérou et du Mexique
dans la situation militaire où elle se trouvait
avant la conquête. La nécessité, l'intérêt de
l'Amérique, de l'Europe et de l'univers commerçant, commandent donc cette dépendance;
elle est sur-tout dans les intérêts de la France.

Des colonies européennes régies par les lois
de la métropole anglaise, essentiellement agricoles, et placées dans le nord de l'Amérique, ont
facilement passé d'une législation libre à l'indé-

pendance politique; mais leurs Gouvernemens, produits du système européen, ne serviraient qu'à démontrer l'impossibilité d'affranchir les autres colonies par des moyens semblables.

Aujourd'hui, l'Espagne, tributaire des peuples manufacturiers, ne possède qu'une richesse
brute, à laquelle l'industrie n'ajoute presque
rien; la richesse des colonies a détruit dans la
péninsule l'industrie des métropoles; et si les
colonies portugaises péchent par le défaut de
population, celles de l'Espagne ont une population disproportionnée avec leur métropole.

Telles avaient été jadis, telles étaient devenues les nations reconstituées par le traité de
Paris. L'Espagne a plus souffert de la guerre
que tous les autres ennemis de la France;
son territoire européen n'acquiert point d'accroissement. Épuisée encore par les guerres intestines de ses colonies, elle se trouve plus
lésée que toutes les autres puissances.

# CHAPITRE XII.

### Situation politique de la France par rapport à l'Europe.

SYSTÈME militaire, système politique, directions commerciales, tout est donc changé. Un nouveau droit public va dériver d'un nouvel ordre de choses ; l'Europe entière prend une autre face ; toutes les grandes puissances font des acquisitions considérables ; l'électeur de Bavière, le duc de Wirtemberg, le margrave de Bade deviennent même des souverains d'importance. La France seule perd des places annexées à son ancien territoire ; les enclaves rendues à la Suisse, les facilités données par Versoi au commerce de Genève, la ressèrent même dans ses relations avec les plus petits États ; la Prusse et les Pays-Bas, agrandis des dépouilles de la France, la menacent de toutes parts ; la démolition de Huningue, la cession de Landau,

découvrent ses frontières de ce côté. Le roi de
Sardaigne reprend, après le 20 mars, la Savoie, dont Gênes était la compensation. La
France perd d'anciennes colonies cédées à l'Angleterre ; la ruine de Saint-Domingue, les désastres des colonies espagnoles, entrent aussi dans
le calcul de notre ruine commerciale et maritime. L'abolition du pacte de famille tend à
diviser les princes de la maison de Bourbon,
et les prive de leurs alliés naturels. La nouvelle
confédération germanique leur ravit encore
le patronage du parti protestant ; la Suède, depuis l'échange de la Poméranie contre la Norwège, n'a plus besoin de l'appui des Français,
et l'Autriche ne peut plus devenir ce qu'elle
fut au traité de Versailles.

Voilà donc l'isolement politique de cet
Empire naguère si redoutable. Mais la monarchie légitime le replace dans une noble attitude. Elle a su, par des sacrifices inouis,
mettre de son côté l'honneur et l'équité, en
donnant à tous les alliés une satisfaction entière ; la France subit la justice la plus rigou-
reuse dont l'histoire fasse mention. Car si
chaque vainqueur venait, tour à tour, réclamer
au nom des Gouvernemens ou des individus,
le butin fait dans la guerre, les représailles

deviendraient interminables, et l'état de paix
ne pourrait s'établir.

Le dédommagement des alliés se trouvait
dans la réintégration de chaque État, liée essentiellement au retour des Bourbons. Les alliés ne devaient rien exiger de cette illustre
famille, puisque le rétablissement de l'autorité
impériale mettait de nouveau tout en question, et livrait leurs possessions aux chances
de la guerre. Ces mêmes considérations, fon-
dées sur l'intérêt personnel, devaient empêcher
qu'on exigeât du Roi des sacrifices qui redou-
blaient les difficultés de son administration;
mais il n'est pas facile d'être modéré dans le
succès. Buonaparte le prouva sans cesse, d'autres le prouveront encore.

Quoi qu'il en soit, le seul Gouvernement
de l'Europe auquel on ne puisse demander
des provinces usurpées et la moindre dette
extérieure, c'est celui de la France. Toutes
ses pertes et ses désastres ne pèsent désormais
que sur lui seul. Dans les deux dernières années, sa dette s'est accrue d'une somme plus
considérable que celle inscrite depuis le règne
de Louis XIV jusqu'à la banqueroute des deux
tiers, faite sous le directoire, somme énorme,
uniquement destinée à payer les alliés ramenés

par le 20 mars. Voilà les grands résultats de la politique révolutionnaire.

Mais si la France sait maintenir sa tranquillité intérieure, son attitude, sous les Bourbons, est aussi noble qu'imposante ; elle se montre grande dans ses revers, et révérée dans son affaiblissement. Les qualités héroïques, l'esprit industrieux, sont essentiellement le produit du sol français, soumis à ses princes légitimes. Les gouvernemens de la révolution, par le mélange de tant de peuples divers, semblaient prendre plaisir à dénaturer ces rares qualités. N'aurait-on pas dû reconnaître que nos plus fameuses victoires furent toujours dues à des armées uniquement nationales, et que les revers commencèrent quand des étrangers combattaient dans nos rangs ? Après tant de calamités, l'éclat de nos sciences et de nos arts obtient du moins encore la supériorité.

Un de nos grands avantages sur la Russie, la Prusse, l'Autriche et les Pays-Bas, c'est de former un véritable corps de nation dont les élémens primitfs, loin de se combattre, ont une grande force de cohésion.

En ne considérant la France que sous le rapport de ses relations extérieures, il faut qu'elle adopte, dans sa politique et dans son

commerce, une direction nouvelle. Les États ont des alliés naturels et des alliés accidentels; les premiers adhèrent au même système, ou par intérêt ou par nécessité. Tels furent le Portugal et l'Angleterre, depuis l'élévation de la maison de Bragance; telles la France et l'Espagne, depuis le pacte de famille; telle aujourd'hui la Prusse par rapport à la Russie. Les alliances accidentelles naissent des intérêts communs d'une guerre; elles cessent quand l'objet de cette guerre se trouve rempli, ou quand la force oblige d'y renoncer.

Les alliés, intéressés au maintien des opérations, dont l'objet forma leur ligue contre la France, doivent rester unis, et se garantir leurs nouvelles acquisitions. Une longue possession peut seule leur donner cette sécurité. Quoique l'esprit de conquête ne soit plus du côté de la France, les alliés surveilleront long-temps ses projets. Le roi des Pays-Bas, la Prusse et la Russie doivent sur-tout rester dans cette disposition. L'Autriche, plus séparée de la puissance française, à mesure que sa domination s'affermira dans l'Italie, aura moins d'éloignement pour nous, et cherchera même à se faire un appui de la France. L'état de notre marine et de nos colonies donne à l'Angleterre

trop de sécurité, pour que d'anciennes rivalités éveillent ses inquiétudes. Cette puissance,
intéressée au maintien de la paix générale,
devient la plus forte garantie de la France
contre les puissances du continent. Depuis la
rentrée des Bourbons, elle s'est constamment
placée dans cette noble attitude.

La confédération helvétique se présente vis-
à-vis de la France dans un état de neutralité
qui ne fait point craindre d'hostilités. Mais il
reste encore à la France une alliée naturelle,
c'est l'Espagne. Tandis que sur le continent,
la France a beaucoup d'ennemis à craindre et
peu d'amis à espérer, ces deux puissances doivent rester inséparables. La France doit em-
brasser les intérêts politiques et coloniaux du
cabinet de Madrid, comme les siens propres;
elle doit considérer la conservation du Pérou,
du Mexique, de Cuba, des Philippines, comme
des adhérences de son propre système. Cette
alliance, hautement proclamée, doit faire ren-
trer les insurgés dans le devoir, et réprimer les
projets ambitieux des États-Unis.

La cohérence du système prescrit par la
situation géographique de la France, à la fois
continentale et maritime, présente, il est vrai,
de grandes difficultés. Une tendance uniforme

offre des avantages certains à la Russie, à l'Autriche, à l'Angleterre. Mais trouver le point juste où la puissance maritime coïncide par un juste équilibre avec la puissance continentale, cette solution ne fut rencontrée exactement que sous le Gouvernement de Louis XIV. Vers la fin du règne de Louis XV, le rapport de forces n'existait plus. La puissance maritime excédait la puissance continentale. Depuis la révolution, cette dernière absorba tout le reste. Cependant notre situation est telle, qu'elle ne permet pas, sans de graves inconvé- niens, de céder aucun de ces avantages. Quelle solidité n'exigent pas les principes sur les- quels doit reposer une politique si compli- quée ! Quelle habileté, quelle dextérité de- viennent nécessaires aux hommes chargés d'en conserver les traditions et d'en régler la pra- tique ! Mais ces principes, où sont-ils ? Et quand naîtront les hommes capables de les re- trouver ? Cette complication du système fran- çais explique, sans les justifier, beaucoup d'er- reurs, et fera sans doute sentir la nécessité d'approprier les hommes aux choses avec plus de discernement qu'on ne le fait depuis vingt- cinq ans.

Après avoir exposé la situation des alliés

par rapport à la France, j'essaierai de porter l'attention du lecteur sur les innovations du système commercial qui résultent du traité de Paris.

# CHAPITRE XIII.

### État commercial de la France.

——

Depuis la paix de 1783, le Gouvernement français donna beaucoup de soins au rétablissement de son commerce. Une convention provisoire, conclue avec la Suède (1er juillet 1783), régla les relations de ces deux royaumes. Un traité de commerce avec la Russie, ouvrit à nos vaisseaux marchands de nouveaux moyens d'échange. L'administration s'améliora dans toutes nos colonies, et celles d'Amérique arrivaient au plus haut point de prospérité. Nos rapports intimes avec la nouvelle république des États-Unis dédommageaient grandement nos marins de la perte du Canada. Les pêcheries de Terre-Neuve enrichissaient la ville de Saint-Malo. L'Orient trouvait encore dans les expéditions du Bengale et de la Chine, de grands bénéfices. Notre commerce du Levant était dans l'état le plus florissant; le crédit de nos armateurs, étendu chez toutes les nations, augmentait les capitaux. Dans les relations publiques et particulières, les peuples aimaient cette loyauté, cette libéralité des procédés français, qui tendent rarement à devenir exclusifs. Enfin le Gouvernement, qui faisait naître tant d'avantages, y trouvait les ressources et les élémens d'une marine militaire dont les succès venaient d'effacer toutes les humiliations du traité de 1763.

Les choses sont bien changées! Elles font craindre que des avantages trop disproportionnés, n'engendrent tôt ou tard des rivalités et des guerres. Une sourde agitation survit ordinairement aux grandes crises politiques. La convalescence des Empires ne s'opère point spontanément; il faut la seconder par un régime salutaire. L'active mobilité de l'esprit français lui fit parcourir, dans moins de vingt ans, le cercle de toutes les innovations; cette activité se concentrait uniquement sur la guerre, n'ayant plus d'autre emploi. Il faut craindre qu'une trop grande compression ne produise encore de semblables effets. Les alliés ne paraissent point avoir assez reconnu la nécessité de favoriser la guérison de la France.

Une population si véritablement industrieuse,
l'Empire qui possède une si grande étendue de
côtes, ne peuvent se passer de commerce maritime. Quel moyen d'occuper cette activité,
et de l'empêcher de réagir tôt ou tard sur l'Europe, si nos ports et nos villes manufacturières
n'occupent pas l'excédent de la population que
l'agriculture ne peut nourrir ?

Une disposition nouvelle se manifeste déjà
par l'étonnante amélioration du crédit public,
fondée sur la confiance qu'inspire à la France
la famille régnante. Désormais en harmonie
avec l'Europe, la France rétablit des relations
générales abandonnées depuis long-temps. La
sécurité qu'y trouvent les étrangers, les produits d'un sol si favorisé, les mœurs sociables
de ses habitans, deviennent pour la France
une compensation, et lui procurent une nouvelle richesse qui ne fut jamais calculée dans la
balance du commerce, effet moral de la légi-
timité, que les hommes de la révolution n'ont
jamais su comprendre.

Après avoir tant souffert de leurs crimes, faut-
il encore avoir à combattre leurs erreurs ! Depuis
la fin du règne de Louis XV, un esprit systé-
-matique introduit dans l'administration, voulut régler le commerce des grains, la circula-

tion intérieure et le commerce maritime ; mais
la plupart de ces raisonnemens, étrangers aux
connaissances-pratiques, procédèrent par théo-
rêmes et par abstractions, dans cette question
d'économie publique où il s'agit simplement
de quelques vérités de fait. Il reste encore dans
les têtes étourdies par les vertiges révolutionnaires, une disposition à réduire tout en système. Elle est sur-tout commune aux hommes
d'état, depuis que tous les ressorts administra-
tifs, concentrés dans la capitale, ne laissent
plus de vie morale aux extrémités de l'Empire,
et ne permettent point assez aux provinces et
aux cités, d'intervenir dans les discussions
d'intérêt local.

Dans les traités, dans les décisions, l'ancien
Gouvernement appelait d'abord en cause les
chambres de commerce du Hâvre, de l'O-
rient, de Nantes, de la Rochelle, de Bordeaux,
de Marseille, etc. Leurs Mémoires sur les différentes questions de nos relations maritimes,
forment la partie la plus instructive et la plus
intéressante de nos archives diplomatiques.
Croit-on que ces villes, aujourd'hui consultées,
diraient : *Périssent les colonies ?* Elles ver-
raient, au contraire, qu'aucune puissance ne
montre le projet d'affranchir ses possessions

au-delà des mers. L'Espagne ressaisit chaque
jour celles qui lui sont échappées ; le Portugal
et l'Angleterre en possèdent dans une énorme
disproportion avec la métropole ; la France
seule ne conserve plus qu'un petit nombre de
points d'appuis dans les mers lointaines : Pon-
dichéri, Chandernagor, voilà l'ombre de notre
puissance dans l'Inde : l'Ile-de-Bourbon et
Gorée, voilà ce qui nous reste dans les mers
et sur les côtes d'Afrique. De notre antique
domination dans le nord de l'Amérique, dans
les Antilles, nous conservons seulement la
Guadeloupe et la Martinique, qui n'offrent
plus de chances de progressions dans la culture. Cayenne (1) et la Guyane, susceptibles de
tous les genres d'améliorations, deviennent
sans importance, par l'impossibilité d'importer
des Africains.

La Louisiane, acquise par le traité de Bâle,
ouvrait aux planteurs, ainsi qu'aux navigateurs français, de nouveaux débouchés. Mais
l'homme exclusivement chargé des malheurs
de la France, la vendit au Gouvernement des

_____

(1) Les épiceries leur faisaient présager une grande
prospérité. Mais les bras manquent pour cultiver et
pour recueillir.

Etats-Unis. De cette cession résultent aujourd'hui les différends des États-Unis et de l'Espagne. L'invasion des Florides, en pleine paix, annonce assez la tendance d'une pareille violation.

La partie espagnole de Saint-Domingue, acquise aussi par le traité de Bâle, et perdue par le traité de Paris, n'offre pas à l'Espagne un grand avantage; la culture n'y fait point de progrès. Elle coûtait avant la révolution, au Gouvernement espagnol, quinze cent mille fr. pour les frais d'administration. Mais dans l'état actuel, elle devient, pour la France, une perte irréparable, telle enfin que l'équité des alliés ne devait point la faire subir au Roi, et que l'intérêt de l'Espagne même commandait ce sacrifice. L'étendue de cette colonie se trouvait en rapport avec la métropole française; elle continuait des relations déjà établies. Avec Saint-Domingue, les Français pouvaient circonscrire, subjuguer ces révoltés; maîtres d'un pays qu'il faut considérer comme inaliénable, et garantir ainsi toutes les puissances de l'Amérique du danger de souffrir de pareils voisins.

Depuis la découverte du nouveau monde, les expéditions maritimes ne peuvent se faire sans points d'appui; les ports neutres ou francs deviendraient même insuffisans dans les mers éloignées. L'Ille-de-France est donc encore une perte si grande, qu'il faut en espérer la restitution par les raisons politiques énoncées plus haut.

Il est dans les rapports des métropoles et des colonies, des objets exclusifs d'importation et d'exportation. Ces droits et ces privilèges concédés à des ports, à des compagnies, assurent l'emploi des produits bruts et la circulation des objets manufacturés. Il ne faut abandonner aucun des avantages de l'industrie qu'on puisse s'approprier sans inconvéniens ; emploi des matériaux, préparation des agrès, occupation de la main d'œuvre, voilà les premiers avantages de l'armement. Chargement des marchandises indigènes, bénéfices de frêt et d'assurances, retours en produits étrangers, voilà les opérations variées du commerce colonial. Si d'autres puissances conservent ces moyens de prospérité, et que nous en restions privés, c'est nous placer volontairement dans une situation d'infériorité. L'exploitation de notre richesse territoriale ne servira plus qu'à payer un tribut onéreux aux nations qui nous apporteront les denrées coloniales.

Un des argumens les plus spécieux, c'est qu'avec la liberté des mers, on ne peut manquer d'aucuns produits; parce que les trafiquant se portent naturellement aux lieux où le besoin se fait sentir, où le débit se trouve assuré. Je connais aussi le traité de Grotius sur la liberté des mers. Je tombe d'accord qu'en droit naturel, cette possession semble commune à tous les peuples navigateurs. Mais cet axiome, appliqué à la politique du siècle, n'amènerait qu'une discussion puérile. Celle qui concerne la neutralité maritime, et la facilité de suppléer aux colonies, ne repose pas sur une base plus solide. En supposant qu'on soit assez désintéressé de la gloire de la France, pour lui ravir le seul moyen de former une marine militaire; en admettant qu'il faut laisser toutes les chances de nos exportations au tarif des douanes étrangères, comment ne pas reconnaître que le besoin des objets de consommation vous soumet au taux arbitraire des étrangers, et laisse vos négocians incertains dans leurs opérations.

Un taux comparatif de toutes les places de l'Europe commerçante, fait promptement juger de l'état du change et du prix des denrées coloniales; mais les Etats-Unis ne se trouvent

point dans ces mêmes relations. Les expéditions parties de leurs ports avec une célé-
rité calculée sur les besoins du consommateur,
et réglant le prix d'après leur intérêt commun, détruisent la concurrence des vaisseaux
européens. Les mêmes procédés ont encore
lieu pour l'importation des grains, avec de
plus grands inconvéniens; et loin de tourner
à l'avantage des consommateurs, cette liberté
les livre à l'avidité de monopoleurs étrangers.
Il entre dans les lois d'une sage police et dans
l'équilibre du commerce, que chaque Empire
règle lui-même le prix des denrées d'une consommation habituelle.

La France éprouve de la part de l'Angleterre et du Portugal, des prohibitions ou des
taxes si onéreuses, quelles frappent de stérilité
cette partie de ses relations; mais déjà elle cher-
che des ressources dans les expéditions des
Moluques, de la Cochinchine, de l'Inde et de
la côte d'Afrique. Le commerce du Levant retrouve par Marseille ses anciens débouchés.
Il va rendre à nos manufactures du midi, une
partie de leur activité; c'est ce qui peut rester
à Lyon de son antique splendeur, car l'usage
des étoffes de laine et de coton ayant générale-
ment prévalu, les soieries et les velours ne se

débitent qu'en petite quantité dans l'intérieur;
et celles de Nimes s'exportent plus particulièrement en Allemagne. Souhaitons que les nouvelles positions de l'Angleterre ne gênent pas
nos relations commerciales avec l'Empire ottoman. Il ne manque aux armateurs que des capitaux afin de donner à ces utiles entreprises
plus d'étendue. Si le Gouvernement se trouvait assez riche pour faire des avances aux villes
maritimes, il n'y aurait point de faveur plus
noble et plus profitable à tout le royaume.
Nantes, la Rochelle, Bordeaux et le Hâvre,
dont le commerce a souffert si long-temps,
méritent bien des encouragemens; et si l'argent prodigué pour les arts libéraux, illustre
notre Gouvernement, les capitaux employés
à favoriser l'industrie donnent une gloire solide. Des avances faites au taux de quatre pour
cent, mettraient au large plusieurs maisons
nouvelles, dont les intérêts usuraires absor-
bent d'avance les bénéfices; les chambres de
commerce offriraient par leur solidarité une
garantie des fonds prêtés.

Le commerce maritime embrasse les plus
grandes vues de l'économie publique; il saisit
les différens rapports des peuples les plus
éloignés, dans leurs besoins et dans leurs inté-

rêts. Cette occupation donne à ceux qui l'exer-
cent, des idées vastes et patriotiques. Mais
l'agioteur semble s'isoler de l'ordre social, et
ne faire des revers ou de la prospérité de son
pays, qu'un calcul d'escompte. C'est donc aux
armateurs, aux véritables négocians que le
Gouvernement doit les encouragemens et la
considération, en replaçant ainsi dans les
ports une circulation qui s'était entièrement
concentrée dans la capitale.

# CHAPITRE XIV.

Changement de direction dans le commerce.

Les batailles navales dans lesquelles la
France exposait en pure perte ses flottes et
celles de ses alliés, ne se rattachaient plus à
un système de guerre maritime régulier; dans
cette lutte inégale contre l'Angleterre, elle ne
pouvait que succomber. D'ailleurs, tous les
Gouvernemens de la révolution avaient voulu
faire de la France une puissance exclusivement
militaire. La privation de relations maritimes
rendit chaque jour plus terrible sa réaction
sur l'Europe. Les puissances continentales se
trouvèrent bientôt placées dans une dépendance du système français, qui changea tous
leurs rapports généraux et particuliers.

Les relations politiques et celles du commerce subissent également l'influence des

guerres (1) ; mais des évènemens inattendus ou étrangers à la politique européenne, changent quelquefois les directions commerciales. Ainsi, dans le moyen âge, le commerce de l'Empire grec, étendu par les croisades, passa depuis l'Empire des Latins aux républiques de Venise et de Gênes. La prise de Constantinople par les Turcs changea toutes les directions du commerce de l'Orient. La découverte d'une route aux Indes, à travers le grand Océan, ruina le commerce des républiques italiennes, et livra l'empire des mers aux Portugais. La découverte d'un nouveau monde devint pour l'Espagne et la France une source intarissable de richesses. Ces derniers évènemens, produits par une impulsion générale de la civilisation, lui devinrent profitables et glorieux ; ceux qu'enfanta l'esprit de conquête n'ont servi qu'à l'agrandissement de l'Angleterre ; chaque peuple a le droit de régler, selon sa convenance, l'importation ou l'exportation des marchandises. L'Angleterre pro-

---

(1) Lorsqu'Auguste eut conquis l'Égypte, il apporta dans Rome les trésors des Ptolomées, et la circulation des espèces monnoyées s'accrut à peu près comme en Europe après la découverte des Indes.

hibe avec raison les vins, ou bien ne les admet qu'à des conditions onéreuses, parce qu'elle veut empêcher la consommation d'arriver à la classe de citoyens la plus nombreuse; elle n'admet point les étoffes de laine ou de coton, ni les soieries, parce qu'elle les manufacture et les exporte elle-même. En raison des priviléges accordés à tant de compagnies diverses, les procédés du commerce anglais sont exclusifs, même par rapport aux nationaux; elle a donc usé de sa force pour interdire aux étrangers toute participation à ses avantages.

La puissance maritime se concentra donc dans un seul État. Le commerce anglais, enrichi des pertes communes à tant de nations, acquit, avec une extension sans bornes, le monopole entier de l'Inde, que partageaient avant la révolution, dans le rapport de leur puissance, la France, la Hollande, le Portugal, le Danemarck et la Suède. Il s'accrut également en Amérique, d'abord par la ruine de St.-Domingue et l'occupation de presque toutes les Antilles; ensuite, par les révolutions des colonies espagnoles. Ainsi, l'importation du sucre, du café, de l'indigo, du coton et autres matières brutes, se continuait par les vaisseaux anglais.

Les États-Unis, avant leur guerre avec la

Grande-Bretagne, faisaient aussi, sur le fret et le transport, des bénéfices évalués jusqu'à soixante millions par an. Ils les perdirent pendant la durée des hostilités. Après leur assimilation au système français, la Hollande, Hambourg et Lubeck, abandonnèrent le cabotage qu'elles exploitaient depuis long-temps sur la mer du nord et dans la Baltique. Car la situation géographique des villes anséatiques devait former le point intermédiaire entre les peuples du nord et les méridionaux.

Enfin, l'expédition d'Egypte rompit avec le Levant ces antiques relations qui faisaient prospérer nos fabriques de laines, à Orléans, à Carcassonne, dans le Béarn; celles de soies et d'étoffes brochées, établies à Nîmes et à Lyon, éprouvaient le même déclin.

Si des guerres changeaient alors toutes les directions anciennes du commerce, elles en ouvrirent de nouvelles. La révolution d'Espagne occupa les ateliers de Birmengham et de Wolich, à fabriquer pour la péninsule, des armes et des munitions, dont le débit cesse naturellement avec la cause qui le fit naître. Ainsi, les manufactures de coton, établies à St.-Gall et dans l'Appenzel, prospérèrent quelque temps, à raison du taux élevé où la prohibition des marchandises anglaises, maintenait les étoffes de coton.

Mais que restait-il au continent européen que l'Angleterre ne pût lui ravir? L'importation des marchandises d'Asie par Constantinople et les États autrichiens; le commerce de caravanes que la Chine fait avec la Russie; la circulation intérieure des denrées et des produits manufacturés entre les divers États assimilés par le blocus continental, tandis que l'Angleterre, en raison du prix élevé des matières brutes et des produits manufacturés qu'elle importait ouvertement ou clandestinement, absorbait chaque année par la solde de commerce, trois cent millions, dont la France en payait plus de cent-vingt (1).

Ainsi, les grandes révolutions opérées de nos jours, changeaient les rapports généraux et particuliers des nations. Le commerce intérieur, le commerce extérieur ne suivaient plus la même direction. Voilà ce qu'il est important de reconnaître, afin de convenir des droits qu'on veut céder et des droits qu'on veut ressaisir; afin d'adopter une marche régulière

(1) *Voyez* les premiers comptes rendus par le ministre de l'intérieur, sous le Gouvernement consulaire.

dans les nouveaux traités de commerce. En
portant notre examen sur la situation commerciale qui résulte du traité de Paris, nous voyons
que l'Angleterre conserve tous les avantages
maritimes acquis pendant la guerre, et nous
voyons l'Autriche destinée à devenir, sur l'A-
driatique, une puissance maritime ; les îles
Ioniennes vont se trouver l'entrepôt et le
moyen de circulation pour les marchandises
anglaises dans le Levant ; le roi de Sardaigne
s'enrichit de l'industrie commerciale de Gênes ; le royaume des Pays-Bas pourrait rendre
à la Hollande son esprit navigateur et commerçant. Mais les points d'appuis qui lui
restent dans la mer du Sud, dans l'Inde, la
subordonnent par-tout à l'influence anglaise.
Le Portugal donne une faveur particulière aux
produits manufacturés de l'Angleterre ; ils
payent des droits moindres que les objets im-
portés sur les vaisseaux portugais ; et les produits français sont soumis au droit le plus fort.
Ce changement de direction, cette consommation de produits européens qui résultent de la
translation de la monarchie, tournent au profit
de l'Angleterre. L'industrie de la Flandres et du
Brabant regrettera long-temps les vastes débouchés qu'elle trouvait en France. La ten-

dance de la Prusse, toujours dirigée vers la
force militaire, ne lui laisse que la circulation
de l'Allemagne et de la Russie; car le droit
de transit que lui accorde par Embden, le roi
de Hanovre et quelques ports dans la Baltique,
ne forment pas même l'ombre d'une puissance
maritime.

Quant à la Russie, dans son immensité elle
n'offre que l'enfance du commerce; inférieure
en marine marchande et militaire, aux plus pe-
tites puissances maritimes, tributaire de l'industrie et des arts européens, elle marche d'autant plus lentement vers ce grand but de la civilisation, qu'elle donne beaucoup à l'influence
des armées continentales.

Ce serait s'éloigner des considérations générales, que de porter un examen détaillé sur
les droits de transit, sur la navigation des fleuves, réglés dans le traité de Vienne. Les droits
sur les importations et les exportations, s'é-
tablissent bien plus d'après l'intérêt particulier de chaque État, que dans l'intérêt général du commerce. Les réflexions que cette importante question pourrait faire naître, appartiennent au congrès d'Aix-la-Chapelle. Bor-
nons-nous donc à faire remarquer de nouvelles
directions dans le commerce maritime. Celui

de l'Afrique n'offre plus les mêmes débouchés
pour l'argent du nouveau monde. Les denrées
coloniales doivent y renchérir par la rareté
des cultivateurs. L'exploitation des mines, devenue moins active, placera aussi les colonies dans des rapports nouveaux, et l'abolition de la traite isolera le commerce africain.
La compagnie des Indes, qui perçoit ses tributs en nature, et fait elle-même manufactu-
rer pour son propre compte, n'achète plus de
piastres, comme le faisaient jadis toutes les
compagnies qui conservaient des comptoirs
dans le Bengale, ou sur la côte du Malabar.
Le commerce de la Chine se continue encore
par les vaisseaux anglais, ceux des Etats-Unis
et quelques navires portugais. Voilà donc le seul
point sur lequel pourraient s'absorber les cent
soixante millions de valeurs métalliques qui,
dans l'exploitation ordinaire, sortent des mines du nouveau monde. L'Europe n'en a plus
besoin désormais pour la circulation intérieure,
sur-tout depuis que le crédit public supplée
aux valeurs réelles par des valeurs fictives.
Mais le commerce de la Russie avec la Chine,
par Cazan, se fait en partie par échanges. D'ailleurs l'exportation des nankins et des porce-
laines diminue; celle des soieries et du thé,

au contraire, s'accroît considérablement. Ainsi les relations des Européens avec la Chine continueront d'absorber une partie des trésors du nouveau monde. Les Etats-Unis, l'Angleterre et le Portugal, semblent destinés à se partager cette navigation qui fut, avant la révolution, une source de richesses pour notre commerce.

Les grandes traversées se font aujourd'hui plus rapidement qu'autrefois. Dans les expéditions de l'Inde et de la Chine, les vaisseaux français ne recherchent plus le mouillage et la relâche du cap de Bonne-Espérance, parce que la sortie de ce port, à cause des vents dominans, est fort difficile.

Un des changemens les plus importans concerne l'importation des cotons manufacturés dans l'Inde, dont le débit, en Europe, était considérable avant la révolution. Mais instruits par l'industrie anglaise, les Français et les autres peuples manufacturiers reçoivent maintenant le coton brut; ils le fabriquent en tissu d'une telle perfection, qu'on n'en recherche plus d'autres dans la consommation. Il faut donc regarder cette branche de commerce de l'Inde comme à peu près morte. Un changement plus important encore doit résulter de la domination anglaise dans l'Orient. Les indigènes, par l'incorporation des milices et les relations de négoce, assimilés aux conquérans, recherchent les objets de l'industrie européenne ; et, par une heureuse innovation, les peuples d'Asie deviendront, à leur tour, tributaires de notre industrie ; en sorte qu'après avoir appris des Indiens à fabriquer les tissus de coton, à imiter les belles étoffes de Cachemire, nous leur rendons en échange les tributs de nos arts. Voilà certes les plus heureux résultats des conquêtes : les peuples civilisés n'en devraient jamais envier d'autres.

Si la domination anglaise dans l'Inde est exclusive, on voit cependant que toute l'Europe participe à ses avantages, parce que les relations de l'industrie tendent par leur nature à se généraliser.

Depuis les derniers traités, les vaisseaux français reparaissent sur des plages où leur pavillon était inconnu avant la restauration. Ils ne vont plus chercher à Cadix les piastres, qui viennent par les États-Unis, ou se trouvent dans nos provinces du midi, par la solde du commerce. On les emploie pour l'achat des épiceries aux Philippines, aux Moluques, à Sumatra, dans la presqu'île de l'Inde. Ils rapportent encore du Japon et de la Cochinchine, des cotons, des soies brutes, et du sucre beaucoup moins cher que celui d'Amérique. Les relations avec l'Afrique ne sont point abandonnées. L'échange de la poudre d'or et de l'ivoire se fait encore sur les côtes du Sénégal, au-delà de la Sierra-Leone ; les naturels reçoivent des quincailleries, des bijouteries, quelques pièces d'étoffes, des armes et de la poudre. Ces échanges se faisaient anciennement ; mais on a dû facilement reconnaître les directions nouvelles, en ce qui concerne le commerce des piastres, l'importation du sucre de l'Orient, et l'abolition d'un trafic ancien sur les plages africaines. N'oublions pas de faire aussi remarquer que la cour de Rio-Janeiro, et les franchises annoncées aux colonies espagnoles, ouvriront à l'industrie européenne de nouvelles directions.

# CHAPITRE XV.

Qu'est-ce aujourd'hui que la balance politique?

En parcourant l'histoire des deux derniers siècles (de 1648 à 1756), il est impossible de ne pas reconnaître les avantages du traité de Westphalie. Une lutte d'opinions religieuses renouvelée sans cesse, divisant en Allemagne les États et les peuples, les tenait armés depuis trente ans ; lorsque le congrès de Munster détermina les droits de chaque communion, et limita dans de justes bornes les prétentions de la maison d'Autriche. Les princes catholiques, les princes protestans, les villes impériales, les villes libres, fondirent leur intérêt particulier dans l'intérêt général de la confédération germanique. Ainsi, les libertés civiles, religieuses et politiques pour lesquelles l'Europe s'agitait depuis trois siècles, obtinrent

en même temps la sanction de la force et celle
de l'équité.

Cette intervention de tant de puissances
amena la discussion des intérêts généraux de
l'Europe; l'équilibre général, qu'on nomma
*balance politique*, devint la règle des souverains et des cabinets; et se communiquant des
gouvernans aux gouvernés, plaça les esprits
dans cet état de calme et de sécurité le plus
favorable à l'accroissement de la population,
aux progrès des arts, du commerce, et sur-tout
de la morale publique. Les mœurs adoucies
prirent une habitude de sociabilité qui rap-
procha les intervalles des rangs, et corrigea
ce que les prérogatives pouvaient avoir d'in-
quiétant pour la vanité. Des relations habituelles entre les individus donnèrent à l'Europe un aspect uniforme, qui ne laissa plus
distinguer les nations par un caractère exclusif.
Jusqu'alors l'action des souverains sur les sujets semblait presqu'absolue; l'action des peuples sur les Gouvernemens devint réciproque;
elle la modifia, ou la seconda, sans dépasser
les limites du devoir et de l'obéissance; et de
leur double action, dériva cette puissance de
l'opinion véritable, fondée sur des droits et
des principes.

Ces avantages commençaient à péricliter, lorsqu'éclata la guerre de sept ans. La rupture graduelle de l'équilibre politique et l'esprit de conquête datent de cette époque; vint ensuite la révolution française, qui substitua à tous les droits l'abus de la force; et si elle ne créa pas les principes du mal, elle l'a certainement aggravé. Mais il faut ajouter que la longue durée de la domination française, et le droit de conquête exercé sans contestation, ont insensiblement changé toutes les idées, et converti en axiomes les principes d'innovation.

L'influence de chaque siècle agit inévitablement sur les choses et sur les personnes. L'esprit religieux, l'esprit chevaleresque, l'esprit commercial, l'esprit philosophique, entraînèrent successivement les générations. L'esprit de notre siècle est l'esprit de l'innovation. Chacun en prend sa part dans la proportion de ses goûts et de ses intérêts. Par suite et par abus de cette action composée indiquée plus haut, les souverains et les cabinets la ressentent et la propagent. Toutes les bases de la morale et de la politique remuées, ne laissent plus de points de fixité. Toutes les croyances ébranlées, ne laissent que le doute et l'incertitude. Il en résulte une dépravation de prin-

cipes qui mine les institutions fondamentales,
et subordonne les grands intérêts sociaux à
dés calculs individuels. Si cet attrait de cu-
pidité nuit à la morale privée, éteint tous les
sentimens généreux, lorsqu'elle passe des
peuples aux gouvernemens, elle doit aussi
corrompre la morale publique. Ce désir d'innovation qui souvent égare les individus et
les sociétés loin de leurs habitudes naturelles,
et les trompe sur leur véritable destination,
met aujourd'hui de grands obstacles à l'administration dans plusieurs Etats; et l'on ne peut
nier que ces obstacles n'existent aussi par
rapport à la communauté politique de l'Europe.

Sans discuter les moyens employés pour
faire cesser ces obstacles, quant au gouvernement des peuples soumis à l'influence de la
révolution, je me bornerai à l'examen du système général des Etats, depuis le traité de
Paris. En considérant l'ensemble de l'Europe,
cherchons l'équilibre de ce vaste système qui
soumet à son attraction les plus belles contrées
de notre monde. Les fonctions de chaque pouvoir sont-elles sagement réparties? La distribution des forces ne contrarie-t-elle point le mouvement général? Par un heureux concours de

circonstances, le traité de Westphalie rem-
plissait toutes ces conditions; sans cela, sa
durée n'eût point été d'un siècle. Les droits
et les moyens se trouvaient alors dans une
égale proportion. Il n'y avait, à propre-
ment parler, ni vainqueurs, ni vaincus. Le
contraire était justement arrivé dans tous les
traités faits depuis la révolution, et le droit
de la force s'est encore maintenu depuis le
20 mars.

L'intervention de la Russie dans la guerre
de sept ans, mit déjà dans la balance un
contre-poids trop fort, et commença la rupture de l'équilibre qu'elle détermine aujour-
d'hui quant au continent, puisqu'elle a pour
adhérens la Prusse et le corps germanique.
D'un autre côté, ses flottes isolées à Archan-
gel, dans la mer Noire et sur la Baltique, ne
peuvent combiner leurs opérations. Leur communication serait facilement interceptée par
les vaisseaux anglais, comme on l'a vu récem-
ment dans le blocus de Cronstadt. La Russie
ne peut donc rien contre la puissance maritime de l'Angleterre : celle-ci ne peut mettre
aucun obstacle à la puissance continentale de
l'Empire russe. La Grande-Bretagne possède
tous les moyens d'influence maritime et colo-

niale, elle occupe toutes les positions militaires qui peuvent favoriser son commerce et
gêner celui des autres. La position de la Russie
se trouve donc, sur le continent, dans le même
rapport que la puissance anglaise, quant à
la suprématie maritime. Ainsi le nouveau
système manque de centre, et le plus grand
poids se trouve placé à des extrémités co-
lossales. Si l'on considère les relations commerciales naturellement subordonnées aux relations politiques, les mêmes difficultés en-
traveront les communications générales et particulières, et leur solution n'appartiendra qu'au
plus fort.

L'Autriche, depuis la cession de la Belgique, désintéressée de toutes les guerres, in-
vulnérable en Italie depuis qu'elle possède
les Etats vénitiens, ne doit tendre qu'à resserrer les liens de ses états héréditaires et de
ses provinces conquises, à profiter des avantages de sa situation maritime. Partie inté-
grante du corps germanique, son système défensif se trouve de ce côté. Elle a des intérêts
communs avec la Russie, relativement à ses
provinces polonaises, et des vues ultérieures
sur l'Empire ottoman, dont elle borde presque toutes les frontières européennes. L'Au-

triche, naturellement rapprochée du cabinet de Saint-Pétersbourg, puisque ses dangers et ses intérêts l'exigent, se trouve donc comme isolée du grand système européen, inutile au maintien de l'équilibre, obligée d'observer des ménagemens avec la Grande-Bretagne, qui peut, au moyen des îles Ioniennes, gêner toutes les relations maritimes de l'Adriatique. Ainsi, avant qu'une guerre éclate entre la Russie et l'Empire ottoman, l'Autriche n'a point de raisons pour prendre les armes.

A cette occasion doivent recommencer des hostilités interrompues seulement pendant l'expédition de Moscou. Là doivent s'employer les forces surabondantes de ces armées qui deux fois ont envahi la France.

Les principes généraux et particuliers semblent donc se combattre, au lieu de se balancer; et le défaut d'équilibre politique détruit l'équilibre commercial, puisque ces dernières relations sont toujours subordonnées aux premières. Trois systèmes distincts forment aujourd'hui les grandes subdivisions : les puissances du Nord, comme puissances continentales; la Suède, l'Angleterre et le Portugal, comme puissances commerçantes; la France et l'Espagne, comme participant à ces deux conditions. Quant à l'Autriche, elle n'est jusqu'à présent qu'un vaste intermédiaire entre les grandes forces européennes.

Les directions nouvelles du commerce, l'incertitude de ses relations, ne permettent point encore d'en déterminer les lois; elles sont subordonnées au règlement des douanes, c'est-à-dire qu'au lieu d'un règlement fixe et permanent, les négocians subissent toutes les chances de l'arbitraire et de l'exclusion. S'il faut des traités politiques, il faut des traités de commerce; et le nouveau droit des gens prescrit l'obligation de les renouveler tous; mais en même temps il multiplie les difficultés de l'équilibre général et particulier.

L'un et l'autre seront essayés lorsque la France, livrée entièrement à elle-même et maintenue par ses propres forces, laissera voir quel est son poids dans la balance. Son existence politique, ainsi que celle des alliés, reposent encore sur des ressorts factices. Quand chaque armée rentrée dans ses limites, et chaque cabinet restreint dans ses attributions particulières, reprendront leur nouvelle attitude, on jugera si l'état politique peut subsister sans l'état de guerre permanent. C'est là ce qu'il importe d'examiner au congrès d'Aix-la-Chapelle; c'est là que la maturité des conseils peut réparer l'inconvénient des décisions que l'état violent de l'Europe a pu commander ; et faire céder à l'avantage général des prétentions trop vastes.

# CHAPITRE XVI.

## Résultats.

Il résulterait de cet examen, que l'équilibre politique et commercial du monde ne paraît pas encore replacé sur ses points fixes. Cet ordre de choses, loin d'être favorable à la civilisation, peut donc occasionner des rivalités, des guerres et des subversions nouvelles.

Si, comme nous le supposons, l'équilibre général semble mal assuré, l'équilibre particulier n'offre pas beaucoup plus de garanties. Les acquisitions qui ne peuvent que lentement s'incorporer avec les anciennes provinces, nuisent plus à l'harmonie des États qu'elles ne leur donnent de force réelle, et sur-tout lorsque ces acquisitions se trouvent disproportionnées avec les puissances-mères. L'étonnante progression de la Prusse offrait déjà ce défaut d'ensemble, qui s'accroît encore par la réunion de la Saxe, impossible à fondre dans la monarchie prussienne.

Le royaume des Pays-Bas présente plus qu'aucun autre ce défaut d'harmonie. La Hollande, livrée exclusivement au commerce maritime, et la Flandres, particulièrement manufacturière, se trouvent obligées de coopérer au maintien d'un système militaire. Le royaume des Pays-Bas, composé, comme la Prusse, de tant de villes libres et industrieuses, semble uniquement destiné à recruter des armées. Ces provinces, réunies en corps de nation, seront-elles moins exposées aux désastres de la guerre? Non; puisque l'aggression ne peut venir que de la France, et que les alliés du roi des Pays-Bas, se rassembleront naturellement sur son territoire. La constitution militaire des confédérations est ordinairement plus défensive qu'offensive. Mais le corps germanique, influencé par l'esprit guerroyant du siècle, prend cette dernière attitude. D'ailleurs, peut-on croire son organisation définitive, lorsque des publicistes annoncent déjà que l'Allemagne septentrionale devrait former une seule puissance, sous la suzeraineté de la Prusse, en

même temps qu'ils assignent à l'Autriche la
suzeraineté de l'Allemagne méridionale; indi-
quant ces moyens comme seuls capables de
prévenir les guerres intestines ?

Les relations commerciales des divers Etats
semblent également difficiles à concilier. Déjà
les négocians de la Prusse rhénane récla-
ment contre plusieurs articles d'importation,
et d'exportation entièrement prohibés dans
le royaume des Pays-Bas; d'autres se trouvent
grevés d'un impôt onéreux, et le droit de
balance est interdit à l'égard de tous. Le fil
nécessaire aux manufactures prussiennes paye
un droit de huit à dix pour cent à la sortie,
parce qu'on veut qu'il soit manufacturé dans
les Pays-Bas. Les marchandises que les négocians prussiens tirent de l'étranger, payent,
dans le même royaume, un droit de transit fort considérable. Ce système gêne toutes les communications, et détruit toute activité.

La Prusse aura sans doute encore quelques
contestations, à raison de l'entrepôt et du
droit de transit dans le port d'Embden, cédé
au roi de Hanovre; mais elle vient de faire
avec la Russie, un traité de commerce qui
permet, à des conditions modérées, l'impor-

tation des draps prussiens jusqu'aux frontières de la Chine. Cette faveur porte un grand préjudice aux fabriques de la province d'York, dont les étoffes se vendaient en Russie.

Aux différentes causes de divisions, nous devons ajouter celles qui ne peuvent manquer d'éclater entre le cabinet de Saint-Pétersbourg et celui de Constantinople; elles naîtront,

1° De l'exécution des traités qui concernent les Serviens, auxquels la Porte a promis l'exercice libre de tous les droits civils et religieux;

2° De la part accordée à la Russie dans l'administration des principautés de Moldavie et de Valachie;

3° Des diverses questions relatives à la fixation des frontières, ainsi qu'aux indemnités laissées indécises par la dernière convention;

4° De la remise de quelques forteresses en Asie, que la Porte demande, et qui n'est point stipulée dans le dernier traité. Comme tous les traités faits depuis vingt ans afin d'obvier à des dangers pressans, celui-ci ne fut que provisoire; et ces garanties des nations ne peuvent être discutées avec une trop lente matu-

rité. Espérons que le nouveau royaume de
Pologne ne deviendra point un sujet d'inquiétude pour la puissance qui possède la Gallicie.
Elle a des soins assez importans à donner dans
l'incorporation des provinces vénitiennes et de
la Dalmatie. Si la sage politique de l'Autriche,
et le respect avec lequel elle observe les capitu-
lations des provinces agrégées, joints à la force
militaire qu'elle possède pour les maintenir,
offrent moins de difficultés dans le nouveau système ; son voisin, le roi de Sardaigne, doit
en rencontrer d'insurmontables dans l'incorporation de Gênes, qui n'offre, avec les autres
États, que des contrastes et des oppositions.
Ainsi, la nouvelle Europe présente dans l'ensemble des discordances sans nombre, et
dans le détail plusieurs parties lésées. Le Danemarck est une des plus tristes victimes de ces
translations d'États ; et la perte du royaume de
Norwège porte le dernier coup à cette puissance, affaiblie déjà depuis long-temps.
Donne-t-elle une nouvelle vie politique à la
Suède, qui vit successivement ses plus riches
provinces annexées à l'Empire russe, et qui
seule en Europe, aujourd'hui, soumet la
couronne au droit d'élection ? Peu d'années
résoudront ce problême ; car c'est dans le re-

pos que se fait connaître la force morale des Empires.

L'Angleterre le prouva; depuis un siècle elle confirme cette maxime, que les bonnes armes maintiennent les bonnes lois. La paix a pour elle, comme état commerçant, plus d'a-vantages que la guerre; elle travaillera donc sincèrement à maintenir cette paix, véritable objet de la civilisation européenne. Mais l'é-tendue de son influence y met des obstacles continuels. Semblable à l'Empire romain, la puissance britannique touche l'univers par tous les points; et comme il est dans la nature des choses de regretter toujours les biens qui n'ont pas obtenu de compensation, la Hollande ne se consolera point d'avoir perdu Ceylan et le cap de Bonne-Espérance; l'Espagne regrettera toujours la Trinité; l'ordre de Malte élevera dans l'Europe de justes réclamations, afin d'obtenir ou la possession, ou le dédommage-ment de sa propriété; l'Autriche craindra que l'occupation des îles Ioniennes ne gêne la na-vigation de l'Adriatique; enfin la France sen-tira, dans la situation limitée de ses relations maritimes, que la perte de l'Ile-de-France est irréparable. Sa situation dans la Méditer-ranée peut occasionner des discussions avec la France, dont le commerce doit prévaloir dans le Levant. Les concessions faites à la Prusse, par la Russie, portent préjudice au commerce anglais. La Grande-Bretagne n'en sera que plus disposée à contrarier les projets du cabinet de Saint-Pétersbourg sur l'empire Ottoman, projet qu'elle déjoua plus d'une fois. Nous venons d'indiquer les difficultés qui peuvent s'élever à l'occasion du port d'Embden. La puissance anglaise, intéressée au maintien du royaume des Pays-Bas, peut encore se voir engagée de nouveau dans une guerre continentale; et c'est de ce côté que pourraient s'élever des difficultés entr'elle et la France. Ceux qui souhaitent la chute de la puissance anglaise dans l'Inde, consultent plus leur inimitié, que la saine raison. Si les législateurs des Etats libres sentirent la nécessité de diriger l'emploi des forces, et de donner issue à la fougue des passions qu'ils ne pouvaient contenir, afin de prévenir leur réaction, cette nécessité n'est pas moins impérieuse, quant à la politique extérieure. Cette exubérance de forces acquises par une si longue prospérité; ces passions qu'anime l'esprit de liberté, qu'on les suppose uniquement concentrées dans la Grande-Bretagne, et l'on verrait bientôt leur réaction sur l'Europe. La Grande-Bretagne est obligée d'accroître la force armée qui doit défendre et agrandir ses vastes conquêtes en Asie; il lui faut dans le Canada, surveiller le gouvernement des Etats-Unis. Ses moyens, on ne peut le nier, se trouvent en rapport avec cette prodigieuse influence, et nous sommes loin d'en prédire le déclin; mais il en résulte, relativement à l'Europe, un état de gêne et d'inquiétude.

Il semblerait donc, si nos réflexions reposent sur des faits incontestables, qu'une tendance générale vers les divisions se fait remarquer de toutes parts, et que les derniers traités laissent presque tout à faire pour assurer les progrès de la civilisation et prévenir les guerres.

Les alliés trouveront encore, dans le régime administratif de leurs nouvelles provinces, des difficultés que font naître tous les changemens. La génération qui commence formait ses habitudes sur l'ordre de choses renversé; la génération plus ancienne ne retrouve point les siennes dans la nouvelle organisation.

On peut le dire sans vanité, puisque les faits

le prouvent dans la Belgique, dans les provinces rhénanes, dans la Savoie, en Italie, c'est une tâche difficile que de succéder aux Français, soit que les relations avec un vaste Empire procurent naturellement de grands avantages, soit enfin que les souvenirs de l'histoire et la présence de nos armées si souvent renouvelée dans ces contrées, favorisât la domination française, il paraît certain qu'elle n'était point regardée comme tyrannique. Le caractère individuel du conquérant n'aggrave point le joug. Le Français, terrible sur le champ de bataille, devient bientôt le compagnon et l'ami de ses hôtes. Gai, familier, ouvert, il prend sa part des travaux et des plaisirs. Depuis le soldat jusqu'au chef le plus élevé, la même facilité de mœurs se trouve dans tous les rapports. Quand l'administration civile succède au régime militaire, les Français procèdent encore avec plus de ménagemens. Il a fallu, comme nous l'avons indiqué dans les premiers chapitres, de grandes erreurs dans le système général des opérations militaires et politiques, pour détruire les effets de cette dispostion dans les provinces voisines de la France. La durée des Empires se fonde sur la modération; la violence se précipite d'elle-même vers l'abîme qui la menace. Ainsi la modération naturelle aux souverains légitimes tempérera tous les excès; et les bienfaits de la législation uniront sans doute leurs nouveaux sujets à leurs peuples anciens.

Les traités généraux ont besoin, comme le régime administratif, de lois organiques. Avant d'avoir vu l'essai de celles qui vont mettre en action le nouveau système politique, il serait téméraire d'affirmer qu'il ne peut se maintenir; mais la nécessité de rassembler un nouveau congrès démontre assez que les hautes-puissances reconnaissent le besoin de la communauté européenne.

Il résulte cependant des faits et des observations générales et particulières, que nous venons de présenter, que l'Angleterre et la Russie forment, aux extrémités, des contre-poids trop forts; que l'équilibre partiel ne peut subsister dans le corps germanique, à cause de l'inégale répartition des forces. Il n'existe point entre les puissances du Nord, parce que la translation de la Norwège laisse le Danemarck dans un trop grand affaiblissement.

N'était-il pas conforme aux lois de l'équilibre et de l'équité, de rétablir la république de Raguse, celle de Gènes, et de rendre au moins à la

ville de Venise et à ses iles, leur ancien gouvernement ?. Les petits États servent de points inter-
médiaires. N'aspirant qu'à la paix, en raison
de leur faiblesse, ils conservent les arts, l'industrie et le commerce, tandis que les grands
Empires entreprennent des guerres désastreuses
qui dévorent les générations. L'Autriche doit
regretter cet immense patronage qui plaça jadis
sous son sceptre tant de villes florissantes
qu'elle devait protéger, sans pouvoir les as-
servir. Aujourd'hui en rivalité maritime avec
l'Angleterre, elle perd cette alliée naturelle.
Quant à sa situation en Italie, elle semble trop
menaçante. Autrefois l'État de Venise et le
royaume de Naples formaient des contre-poids
à peu près semblables aux extrémités, et les
souverainetés du centre se trouvaient en relations de forces. La nouvelle distribution,
comme on l'a vu, contrarie cet équilibre; s'il
n'existe point dans les systèmes particuliers,
comment existerait-il dans le système général ?

L'Europe regrettera peut-être un jour le
pacte de famille qui, formant une union naturelle entre tant de princes de la maison de
Bourbon, pourrait encore balancer les forces
de la Russie et de l'Angleterre; enfin, après

avoir essayé d'indiquer qu'il eût sans doute
mieux valu se rapprocher, autant que la raison
le permettait, de l'ancien ordre de choses
politique, il faudrait chercher, dans la situation présente, toutes les améliorations pos-
sibles.

# CHAPITRE XVII ET DERNIER.

## Congrès d'Aix-la-Chapelle.

Le même principe qui fait désirer aux hommes d'être gouvernés par le droit et la justice, leur en prescrit l'application dans leurs rapports avec les étrangers. Le droit des nations n'est donc qu'une extension du droit social. Un État qui limiterait la justice aux bornes de son Empire, deviendrait odieux à tous les peuples civilisés.

La chute du Gouvernement impérial a permis de rétablir des relations générales abandonnées depuis vingt-cinq ans. Les traités dictés dans les capitales occupées militairement, ne peuvent présenter ce caractère d'impartialité qu'offre le concours des États indépendans. Aussi le congrès de Vienne, qui discuta le traité général, mit dans ses procédés autant de lumières que d'équité. On ne doit

pas moins attendre du congrès d'Aix-la-Chapelle, auquel il appartient de calmer cet esprit d'inquiétude qui couve encore dans toute
l'Europe, et de donner à la paix les garanties
publiques et particulières.

Les invasions et les guerres, si funestes aux
arts de la civilisation, présentent du moins
quelques compensations. Elles opèrent, elles
cimentent des rapprochemens entre les peuples
et les Gouvernemens. Enfin elles se terminent
souvent par des alliances, dont l'état de paix
seul n'eût pas révélé tous les intérêts. Dès long-
temps les Français propagèrent, par des expéditions militaires, leurs lois, leur langue et
leurs goûts. Les pays soumis pendant vingt
années à leur domination, conserveront à jamais l'empreinte de cette assimilation. La double invasion des alliés a fait aussi contracter
des habitudes et des relations dont le souve-
nir se propagera jusqu'au nord de l'Asie. Ces
causes diverses atténuent les inimitiés, et détruisent les haines patriotiques. Un motif encore plus réel doit prescrire l'indulgence. Les
innovations et les malheurs sont devenus communs à toute l'Europe. En Espagne, en Russie,
tous les peuples combattirent dans les rangs des
Français. Les plus puissans souverains recon-

nurent, par des traités, la Convention, le Directoire, le Gouvernement impérial. Ainsi ni
les peuples ni les cabinets n'ont le droit de s'é-
riger en juges sévères. Il vaut mieux confesser
que chacun a failli, et travailler à cette réconciliation générale, qui doit être l'œuvre des
Bourbons, puisque leur restauration devient
une époque de paix et d'alliance.

La première question soumise à l'illustre
congrès, est celle qui concerne l'occupation
stipulée pour trois ou cinq années. Les mesures financières prises d'avance, et les engagemens anticipés, semblent faire supposer
cette grande question comme résolue d'avance.
Elle paraît désormais se réduire à une déci-
sion de forme. Elle est toutefois d'une si
haute importance pour les alliés et pour la
France, que le nouveau système politique s'y
rattache tout entier. De cette époque doit véritablement dater le régime constitutionnel si
vanté et si peu mis en œuvre. La France,
livrée à ses propres moyens, fera bientôt
voir si les factions ne sont qu'assoupies, et
si les hommes qui l'ont troublée depuis si
long-temps sont réellement les plus fidèles
sujets de la maison régnante, et les vrais auxiliaires de l'autorité.

La France, dans ses rapports extérieurs, va faire aussi connaître de quels poids elle est encore dans la balance politique, et si son intervention est respectée dans les intérêts généraux de l'Europe. Elle ne peut se montrer indifférente sur l'organisation définitive du corps germanique, soumise à l'examen du congrès, qui doit compléter l'œuvre du congrès de Vienne. Plusieurs membres de cette confédération, voisins du territoire français, la navigation des fleuves qu'elle partage avec eux, intéressent ses relations particulières, et ne permettent pas qu'elle s'isole des relations générales.

Ce qui concerne l'examen de l'état militaire européen, n'est pas moins de son ressort. Les droits de la guerre et de la paix, le droit des gens et le droit privé, deviennent véritablement illusoires, si tous les États ne tendent qu'à fortifier leur puissance militaire. Cet accroissement des armées, qui s'étendit si prodigieusement pendant la guerre de la succession, est arrivé, de nos jours, à un tel excès, qu'il menace la civilisation, et finirait par substituer à tous les droits l'abus de la force. Le désordre et le déficit dans les finances de la France, de l'Espagne, de l'Autriche, de la

Russie et de la Prusse, obligées de recourir à
des emprunts, et de voir le discrédit de leur
papier-monnaie, ont leur principe dans la disproportion de l'état militaire avec l'état finan-
cier et administratif. D'ailleurs, dans ce siècle
si libéral de sang et d'or, comment ne recon-
naît-on pas, d'après l'exemple de l'Angleterre,
que les nombreuses armées, dans l'intérieur,
servent rarement au maintien des institutions
constitutionnelles, et que ce sage Gouvernement régit tout par l'autorité civile ? Une ré-
duction proportionnelle établirait, au fait, le
même rapport de force dans l'état militaire des
diverses puissances, laisserait à l'agriculture, à
l'industrie des bras utiles, et diminuerait l'inconvénient des dépenses qu'occasionnent les
places fortes trop multipliées.

Depuis long-temps la philantropie ne se
montrait qu'en théorie. Mais le congrès de
Vienne, arrivant aux réalités, a prononcé l'a-
bolition de la traite.

Le commerce exercé sur l'espèce humaine
remonte au berceau des sociétés. Cette condition semble chez les anciens également insé-
parable du despotisme et du gouvernement
républicain. Cet abus de la force finit par constituer un droit de propriété. Aristote reconnaît

deux espèces d'esclaves : ceux obtenus par le droit de la guerre, quoique nés libres, et les esclaves par nature, c'est-à-dire nés de parens asservis. L'espèce blanche formait l'ordre des esclaves, chez les Grecs et chez les Romains ; et l'on ne vit point les philosophes de l'académie et du portique étendre leur philantropie jusqu'au désir d'un affranchissement général.

L'invasion des peuples du Nord fit aussi peser sur tous les sujets de l'Empire romain, le joug de l'esclavage. Le servage de la glèbe, systématisé sous le gouvernement féodal, se maintient encore en Pologne et en Russie, où l'on achète, où l'on vend les hommes avec la terre.

Lorsque l'affranchissement des serfs s'opérait progressivement en Europe, la découverte d'un monde inconnu créa de nouveaux esclaves dans les terres conquises. Mais cette population efféminée des Antilles et du continent méridional ne pouvant suffire à l'exploitation des mines, ainsi qu'à la culture des produits coloniaux, ces mêmes Européens qui venaient de transplanter en Amérique la canne à sucre de l'Egypte et le café d'Arabie, cherchèrent en Afrique des colons plus vigoureux. Les

nègres acquis par la guerre ou livrés par leurs
parens, furent échangés volontairement contre
des marchandises et des piastres. Ce trafic devint régulier. Personne ne s'avisa de le contester pendant trois siècles. Génois, Portugais, Espagnols, Anglais, Français, Hollandais, enfin toutes les puissances maritimes
achetèrent ou vendirent l'espèce noire.

Si ce commerce ne fait pas honneur à l'humanité des Européens, il montre assez l'abrutissement des Africains, qui pouvaient s'en
affranchir par leur seule volonté. Mais les navigateurs n'ont point trouvé sur les côtes de
ce continent un seul peuple régi par des lois
positives, respectant le droit des gens, placé
même au premier degré de la civilisation ; et
si les savans physiologistes qui déterminent
les facultés de l'espèce humaine d'après l'angle
facial, trouvent dans le nez africain des argumens péremptoires contre leur civilisation,
l'évidence des faits et toutes les preuves de
l'histoire semblent aussi coïncider avec cet in-
génieux système.

Enfin, après avoir consommé pendant trois
siècles, le sucre, le café, l'indigo, cultivés
par les nègres, on crut s'apercevoir que cette
manière de se régaler et de s'enrichir se trou-

vait peu d'accord avec les principes de justice
et d'humanité.

Un orateur de la Chambre des communes
éleva courageusement la voix en faveur des
noirs. Le moment semblait favorable. Le prix
des esclaves, sur les côtes d'Angola et de So-
fala, devenait considérable : les Africains,
avertis par la concurrence des acheteurs, ne se
contentaient plus de cauris et de verroteries; il
leur fallait des piastres; d'ailleurs, les Anglais,
occupés d'accroître dans l'Inde leurs conquêtes,
et voulant les borner en Amérique, favori-
sèrent cette opinion.

Nos philosophes, occupés d'abstractions et
peu versés dans la politique, l'adoptèrent avec
enthousiasme. Dès le commencement de la révolution, l'exaspération était au comble contre les
vendeurs et les propriétaires d'esclaves. Enfin,
l'homme incorruptible, c'est-à-dire Robes-
pierre, dit un jour au sein de la convention :
« Périssent les colonies plutôt qu'un principe ! »
Le sénat incorruptible, qui faisait périr la
France entière, n'était pas à cela près d'une
colonie. Les colonies, les principes et même
les philosophes ont péri, comme chacun sait.

Tout affranchissement partiel exige une sage
gradation. Mais on vit, pour la première fois,

une société toute entière s'élever de la condition la plus abjecte à l'indépendance sans bornes, en sorte que le citoyen, le général, les
ministres et le souverain, passèrent, dans quelques semaines, de l'esclavage à la plus haute
dignité de l'homme civilisé. Le massacre de
quarante mille blancs, dont les ancêtres avaient
acquis à la France la riche possession de Saint-
Domingue, prépara l'existence d'une puissance
nègre dans les Antilles. Elle subsiste depuis
près de vingt ans ; elle hérite de tous les travaux et de toutes les connaissances de ses anciens maîtres. Des transfuges de l'espèce blanche ont organisé le Gouvernement et les armées de Saint-Domingue. C'est d'eux que les
hommes noirs et jaunes tiennent quelques idées
de culte, et quelques notions sur la médecine.
Mais les cruautés exercées sur les blancs français les ont fait entièrement disparaître du
royaume d'Haïti. Les nègres et les mulâtres
conservent seulement quelques relations avec
des navigateurs qui leur apportent des marchandises européennes.

L'espèce des mulâtres qui possède les terres
du sud, et en partie celles de l'ouest de Saint-
Domingue, plus rapprochée du sang blanc,
est aussi plus susceptible de civilisation. Cette

influence doit cesser, puisque le mélange des deux races ne peut plus avoir lieu; l'espèce noire doit au contraire prévaloir par le nombre et par la force : les traditions reçues des Européens s'effaceront. Il ne restera que celles de l'Afrique, et l'influence d'un climat que l'activité européenne, renouvelée sans cesse, pouvait seule surmonter. En effet, comment arrive-t-il que ces plaines du nord, jadis si bien fécondées par l'industrie, ces montagnes si riches en café, soient comme frappées de stérilité, comparées à leur ancien état? Pourquoi ces indigos et ces cotons de l'Artibonite sont-ils désormais inconnus dans le commerce? C'est que les noirs ignorent déjà les richesses du sol qu'ils possèdent, et que tous les procédés un peu compliqués dans la culture, et dans la fabrication, dépassent la mesure de leur intelligence.

Le congrès reconnaîtra peut-être le danger de laisser subsister un état qui naturellement appelle à l'indépendance la population noire de l'Amérique, qui romprait tous les rapports des métropoles européennes avec leurs colonies, et livrerait le monde conquis par tant d'efforts et d'industrie, à des barbares étrangers aux lois des nations civilisées. Enfin le golfe du Mexique serait bientôt couvert de pirates qui ne laisseraient plus de sécurité aux pavillons espagnol, anglais, américain, français et portugais.

Quoi qu'il en soit, puisque l'abolition de la traite ne permet plus que les nègres se vendent aux Européens, il est impossible de ne pas souhaiter aux blancs les mêmes avantages, et de ne pas faire observer qu'il eût été plus équitable de commencer par eux. Cependant, la traite des blancs se fait fort librement dans la Méditerranée. Les pirates enlevèrent, il y a peu d'années, des habitans de la Sicile et de la Toscane. Les plus belles femmes de l'Archipel et de la Géorgie, sont mises à l'encan dans le marché de Constantinople, en présence des ambassadeurs européens. On nous vend à Tunis, à Alger, à Maroc, à Smyrne, au Caire, en présence de nos consuls. Ces violences, jadis réprimées par l'ordre de Malte, se renouvellent sans cesse depuis que le pavillon de la chrétienté a perdu ses défenseurs naturels. Ils ont trouvé du moins un apologiste, qui propose, pour leur rétablissement, un projet auquel se rattachent les plus nobles intérêts de la religion et de l'humanité. Ce plan d'une colonisation européenne sur les côtes occupées par les Barbaresques, mérite bien l'attention du Congrès.

« Que l'on considère un moment quel « spectacle ce serait pour l'homme éclairé, « que de voir, dans cette contrée inhospita- « lière, livrée à l'ignorance et au fanatisme, « une colonie formée de tous les peuples de « l'Europe, dont chacun porterait avec lui « le germe d'industrie dans lequel il excelle, « et le ferait servir au bien de la nouvelle « société (1).

« Dans la nouvelle colonie, les émigrations « n'arriveraient que lentement. Mais ces be- « soins iraient toujours croissant, parce que « la gloire et la sûreté des hospitaliers leur « commanderaient d'éloigner de plus en plus « leurs ennemis des frontières, et en même- « temps l'intérêt et la prévoyance leur con- « seilleraient de peupler leurs nouvelles con- « quêtes de sujets d'Europe, qui tout à-la-fois « serviraient à les faire valoir et à les défendre. « Ainsi, chaque émigration déjà établie, pré- « parerait le terrain à celle qui devrait suivre. « Chaque année, le grand-maître ferait savoir

---

(1) *De l'Afrique et des chevaliers hospitaliers de Saint-Jean-de-Jérusalem*, pages 48 et 49.

« à ses divers agens en Europe, le nombre
« des colons dont il aurait besoin pour établir
« sur les nouvelles terres de la religion, ainsi
« que des artistes, ouvriers, marchands qui
« pourraient être occupés dans ses nouvelles
« villes ou bourgades. »

Cet extrait ne peut donner qu'une faible
idée de ce plan vaste et sagement combiné. Il
assurerait la navigation de la Méditerranée, et
détruirait ces pirates, dont l'existence annule
le droit des gens et le droit maritime.

Les peuples constitués en ordre social, ont
leurs droits particuliers et leurs droits généraux. Les Gouvernemens se régissent d'après
les premiers; mais dans leurs relations générales, ils sont obligés d'établir une justice de
compensation qui donne aux étrangers des garanties : elles deviennent, par les conventions
ou les traités, des règles positives qui, dans
l'état de paix, ne laissent rien à l'arbitraire.

Ainsi, de même que les droits particuliers considèrent les intérêts propres de
chaque peuple, il peut aussi s'établir un droit
respectif qui considère l'universalité politique. Le droit des gens, le droit civil, le droit
privé demeureraient sans effet, s'ils n'obte-

naient l'appui de la force nécessaire à leur maintien.

La communauté politique commença par des ligues et des confédérations : elles ont fini par s'étendre à tous les États européens. Ce système, maintenu jusqu'aux guerres de la révolution, s'est presque entièrement écroulé au milieu de tant de subversions. Voilà ce que les congrés essaient de réparer.

Indépendamment des relations partielles entre les États, l'universalité délibère sur les intérêts communs; et c'est le rapport le plus étendu que puisse envisager la politique extérieure. Sans considérer les lésions occasionnées à quelques puissances, le congrès de Vienne, dans l'intérêt général de l'humanité, a prononcé l'abolition de la traite; il a prononcé la déchéance d'un usurpateur, le roi de Naples; il a réglé la distribution des provinces, ainsi que les réintégrations. Il est donc évident que le nouveau droit des gens a l'assentiment de la majorité et la force qui la fait respecter.

Les prérogatives du congrès d'Aix-la-Chapelle dérivant du même principe, doivent tendre au même but. Dans le même esprit d'humanité, il va régler l'état civil et politique des juifs ; la suppression de la piraterie dans la Méditerranée et dans les mers d'Amérique. Sans cette sécurité, le droit colonial et maritime deviendrait illusoire.

La mer est dans le nombre des choses sur lesquelles un droit privé ne peut s'établir. La domination publique ou particulière peut s'exercer sur le littoral d'un fleuve, ou sur une plage maritime ; mais il ne peut s'étendre à la possession des mers, puisque la nature et la raison d'utilité publique n'en souffrent pas l'occupation. Ces argumens, appuyés de tous les exemples puisés dans la morale humaine et divine, furent jadis employés pour combattre le droit exclusif que s'arrogeaient les Portugais de naviguer dans les mers de l'Inde (1). On prouvait que ce privilége ne pouvait résulter ni de la donation faite par le Pape, ni du titre d'occupation et de prescription.

L'exclusion du commerce ne se fonde pas sur un titre beaucoup plus légal que la possession des mers. En effet, le droit des gens laisse à chacun la liberté du négoce ; la nature n'admet point d'exclusion dans le par-

_____
(1) Grotii, *Mare liberum.*

tage de ses dons. Mais comme les climats divers ont leurs produits différens, l'échange s'établit entre l'excédent et le besoin, malaisément soumise à des règles positives, en sorte que l'étranger peut acheter tout ce que les nationaux n'interdisent pas.

Les relations de commerce avec les différens peuples habitans les mers de l'Inde, se fondèrent d'abord sur ces principes, jusqu'à ce que les puissances européennes se trouvassent assez fortes pour exclure la concurrence.

Cependant, quelle que soit aujourd'hui la prépondérance de l'Angleterre, l'état de paix exige un droit maritime réglé dans l'intérêt général des peuples navigateurs. Cette opération si vaste et si compliquée, se lie au droit colonial, aussi important à déterminer. Dès que les droits des métropoles et des colonies se trouvent consacrés, les garanties réciproques des puissances deviennent les mêmes que celles des Etats européens, et rentrent dans le domaine du droit public. L'appui donné à la sédition, l'introduction des armes, les échanges établis avec des peuples dont l'indépendance n'est point reconnue, constituent une

violation de l'état de paix et de neutralité. Les
Gouvernemens ou les individus qui s'en
rendent coupables, sont justiciables d'après
leslois sur lesquelles se fonde le droit des
gens.

Les colonies espagnoles se trouvent dans
cette situation. Leur souverain soumet lui-
même aux délibérations du congrès les concessions que l'équité commande. Cette intervention appelle naturellement en cause les
puissances dont la garantie doit sceller le nouveau pacte entre les sujets et leur prince ; mais
elles contractent aussi l'engagement d'unir leurs
efforts communs, afin de réprimer la rébel-
lion et la piraterie, préjudiciables aux intérêts des peuples navigateurs.

Le congrès va donc examiner les droits les
plus sacrés de l'espèce humaine, et les intérêts
les plus précieux de la communauté européenne. Cette illustre assemblée ne laisserait
qu'une œuvre incomplète, si, après avoir réglé
le droit maritime et le droit public, elle n'en-
visageait pas le commerce dans l'intérêt général.
Sans contester à chaque État l'exclusion ou l'ad-
mission des objets qui concernent ses produits
territoriaux ou manufacturés, la navigation des

fleuves, la liberté des mers, la neutralité des
ports, laissent un champ bien vaste à l'amélioration.

Le but du nouveau système politique devrait être d'occuper l'activité européenne aux
travaux du commerce et de l'industrie, d'employer l'excédent de population que la guerre
consommait, à peupler, à exploiter les richesses de l'Amérique, de l'Inde, des vastes
contrées reconnues dans la mer du Sud, et de
ces riches plages de l'Afrique, occupées par
des barbares ou des pirates.

Tous les peuples civilisés gagnent, dans une
proportion analogue, au progrès de la civilisation. Loin de la gêner ou de la circonscrire,
tous les États de l'Europe peuvent la seconder
dans l'intérêt général et particulier. La France,
plus qu'aucune autre, agricole, industrieuse et
maritime, est intéressée au maintien de la paix.
Ses annales militaires, chargées de prodiges, ne
lui laissent rien envier aux nations les plus il-
lustrées. La richesse de son sol, et l'heureuse
circonscription de ses limites, lui donnent un
aplomb naturel, qu'elle perdrait en voulant
étendre sa domination. L'Empire qui ne serait
pas puissant avec vingt-six mille lieues carrées

de surface, avec un pays fécond occupé par vingt-six millions d'hommes aussi braves qu'industrieux, porterait dans son sein des germes de destruction, que l'esprit de conquête rendrait encore plus pernicieux.

Il faut désirer que la France et le reste de l'Europe prennent une attitude de stabilité qui, laissant ouvertes toutes les voies d'amélioration, n'en laisse plus à l'esprit d'innovation, dont les peuples paraissent encore travaillés.

Quand les choses ont pris une certaine direction, on ne les change point sans de graves inconvéniens. Elles subsistèrent par des raisons inconnues qui les maintenaient ; mais quand le système total est renversé, quand ces parties, ajustées avec le secours du temps, ne sont plus dépendantes les unes des autres, comment remédier au désordre ? C'est l'état actuel de la communauté européenne, par rapport à l'ancienne politique. Il faut que les raisons inconnues viennent suppléer la sagesse humaine ; il faut que le secours du temps ajuste ces diverses parties, afin qu'il en résulte un système entier. Des choses si grandes, des évènemens si forts semblent disproportionnés avec nos facultés. Tous les hommes se rapetissent en les approchant. Espérons toutefois que le ciel voudra faire autant de miracles qu'ils ont fait de fautes (1) !

(1). *Pensées de Balzac*, pag. 227.

FIN.

www.ingramcontent.com/pod-product-compliance
Lightning Source LLC
Chambersburg PA
CBHW052052090426
42739CB00010B/2149